Genies und ihre Geheimnisse

Das Buch

Die oft überraschenden »Abgründe« berühmter Persönlichkeiten aller Epochen aus Politik, Naturwissenschaften, Kunst und Kultur sind die Aufhänger für diese biographischen Rätsel. Eine unterhaltsame Zusammenstellung unerwähnter Besonderheiten: ob Aberglaube oder Hypochondrie, ob Genußsucht, Geltungsdrang oder geradezu rührende Schüchternheit im Verhältnis zum anderen Geschlecht. Die Schrullen und Peinlichkeiten der historischen Berühmtheiten werden lebendig und damit die menschliche Seite dieser Geistesgrößen.

»Das ideale Geschenk für jeden Anlaß« *NZZ am Sonntag*

»Dieses Buch steckt voller Überraschungen, weil es Geheimnisse lüftet über die Abgründe, Schrullen und Peinlichkeiten berühmter Persönlichkeiten.« *Stern*

Die Autoren

Angelika Overath, geboren 1957 in Karlsruhe, studierte und promovierte in Tübingen. Sie arbeitet als Reporterin, Essayistin und Literaturkritikerin u. a. für die NZZ und ist Autorin mehrerer Romane. 1996 erhielt sie den Egon-Erwin-Kisch-Preis für literarische Reportagen.

Manfred Koch, geboren 1955 in Stuttgart, studierte in Tübingen und Perugia. Promotion und Habilitation, verschiedene Dozenturen in Thessaloniki, Tübingen, Gießen; Gastdozenturen in Ungarn, Polen und Griechenland. Zusammen mit seiner Frau Angelika Overath gab er verschiedene literarische Anthologien heraus. Er lebt in Tübingen als freier Publizist und Literaturkritiker.

Silvia Overath, geboren 1986, Abitur auf dem altsprachlichen Uhland-Gymnasium in Tübingen 2005, schreibt kurze Prosa.

Angelika Overath
Manfred Koch
Silvia Overath

Genies und ihre Geheimnisse

100 biographische Rätsel

List Taschenbuch

Besuchen Sie uns im Internet:
www.list-taschenbuch.de

FSC
Mix
Produktgruppe aus vorbildlich bewirtschafteten Wäldern und anderen kontrollierten Herkünften
www.fsc.org Zert.-Nr. GFA-COC-1223
© 1996 Forest Stewardship Council

Dieses Taschenbuch wurde auf FSC-zertifiziertem Papier gedruckt. FSC (Forest Stewardship Council) ist eine nichtstaatliche, gemeinnützige Organisation, die sich für eine ökologische und sozialverantwortliche Nutzung der Wälder unserer Erde einsetzt.

Ungekürzte Ausgabe im List Taschenbuch
List ist ein Verlag der Ullstein Buchverlage GmbH, Berlin
1. Auflage April 2007

Umschlaggestaltung und Konzeption:
RME Roland Eschlbeck und Kornelia Bunkofer
(nach einer Vorlage von Büro Hamburg)
Satz: Franzis print & media GmbH, München
Gesetzt aus der Sabon und Edwardian
Papier: Munken Print von Arctic Paper Munkedals AB, Schweden
Druck und Bindearbeiten: Clausen & Bosse, Leck
Printed in Germany
ISBN 978-3-548-60731-3

Vorwort

Sie wohnen bei uns zu Hause: in Bücherregalen und auf Nachttischen, an den Wänden und in Spinden; ihr Klang erfüllt unsere Räume. Es sind unsere Genies, die Ikonen aus Literatur, Malerei, Musik, Film, Theater und Design. Ein Schubertlied, ein Chanson von Jacques Brel, ein Gedicht von Rilke oder ein Strich von Picasso, ein Essay von Rousseau und eine Geste der Dietrich versprechen noch immer, daß das Leben schön sei, intensiv, bedenkenswert und vielleicht eine Verheißung. Für uns unerreichbar und herrlich spielen die Helden der Künste in ihren Werken mit der Perfektion. Doch wie haben sie selbst gelebt?

Daß Künstler verrückt sind, ist ein alter Topos. Was aber passiert, wenn wir es genauer wissen wollen? Wenn wir uns aufmachen, um einmal bei ihnen in den Küchen und Kellern nachzusehen, gar unter den Federbetten? Wenn wir fragen, wie sie als Kind gewesen und wie sie alt geworden sind? Wie verändert sich das Bild, das wir von ihnen haben, wenn wir ihrem Alltag um einen vielleicht ungebührlichen, aber entschiedenen Schritt nähertreten?

»Genies und ihre Geheimnisse. 100 biographische Rätsel« ist das Ergebnis einer neugierigen wie zärtlichen Recherche. Es versammelt Szenen, Einblicke, Details aus der Vita der ganz Großen. Und es entdeckt dabei die Palette der Fehlfarben des Lebens hinter einem glänzenden Werk. Damit der Leser auch auf eigene Entdeckerfreuden kommt, sind diese biographischen Pasticcios als Rätsel geschrieben. Satz um Satz erschließt sich das Leben einer bekannten Persönlichkeit.

Dieses Rätselbuch möchte unterhalten und ein wenig aufklären. Dabei ist es keinen wissenschaftlichen Ansprüchen verpflichtet, wenn auch die Verfasser bei ihrer Ehre schwören, nichts erfunden zu haben.

Ein solches Unternehmen gelingt nicht ohne Freunde. Namentlich sei hier besonders gedankt: Irene Ferchl, Henrike Lähnemann, Ute Oelmann, Thomas Scheuffelen, Barbara Spengler-Axiopoulos sowie den Mitarbeiterinnen und Mitarbeitern der Stadtbücherei Tübingen, der Universitätsbibliothek Tübingen und der Fachbereichsbibliotheken Neuphilologie, Musikwissenschaft und Kunstgeschichte. Nicht zuletzt gebührt Dank für Rat und Tat den geduldigen Buchhändlerinnen der Tübinger Buchhandlung Gastl.

Gewidmet ist das Buch dem Schutzpatron der Rätsel, Manfred Papst, Leiter des Ressorts Kultur der *NZZ am Sonntag*. Hier erscheinen seit beinahe vier Jahren wöchentlich die »Abgründe«; eine Auswahl liegt nun erstmals als Buch vor.

Tübingen, Dezember 2005
Angelika Overath, Manfred Koch, Silvia Overath

1

Er legte großen Wert auf Sauberkeit. Vielleicht gerade, weil er sorgsam stinkende Leichen sezierte. Seine Hände benetzte er mit frischem Rosenwasser und zerrieb Lavendelblüten zwischen ihnen. Den Branntwein parfümierte und färbte er mit Kornblumen oder Klatschmohn. Er soll ein Enthaarungsmittel aus Auripigment und Kalk entwickelt haben. Exquisit bewegte er sich in seinem rosaroten halblangen Umhang, ein Hermes Trismegistos, ein Prometheus. Seine Biographen vermuten heute, daß er homosexuell war, nicht nur weil er sich detailverliebt in märchenhaft auswachsende Studien zur Vielfalt der »Afterschließmuskeln« verlor. »Je größer die Empfindsamkeit, um so größer das Martyrium – ein großes Martyrium«, notierte er. Vom Krieg sprach er als einem »höchst bestialischen Wahnsinn«, doch faszinierten ihn Todesmaschinen aller Art. Er unterlag der Vorstellung ihrer perfekten Gewalt, hinreißend wie Naturkatastrophen. Als hätte er nichts Besseres zu tun, bietet er sich »in aller Demut« als Militäringenieur an: »Falls notwendig, kann ich große Bombarden, Mörser und Schußwaffen in schönen und nützlichen Formen bauen.« Und: »Dort, wo ein Bombardement keine Wirkung zeigt, mache ich Katapulte, kleine Wurfmaschinen und andere bisher unbekannte Maschinen von wunderbarerer Wirksamkeit.« Er entwarf einen Vorgänger des Maschinengewehrs und –

nach dem Prinzip eines Glockenspiels, bei dem eine Glocke mehrere andere anschlug – eine Art Artilleriegeschütz. Er konstruierte an Panzern mit Sicheln herum und erdachte Schreckensmaschinen aus Kurbelwellen, Wurfspießen, Widerhaken, Steinschleudern, Pfeilen, Schildern. Antike Waffennamen stimulierten ihn: »Feuerpfeil, Spinne, Skorpion, Stachelschnecke oder Purzeldorn, Soliferreum.« Fast alle seine Erfindungen waren unbrauchbar. Sie inszenierten Himmel und Höllen der Fiktion. Erfolgreich setzt man ihn zum Inszenieren phantastischer Schloßfeste ein. Er hat auch Tiere umgebaut, ein Freund beschrieb es so: »Einer seltsamen Eidechse, welche der Winzer von Belvedere fand, machte er Flügel aus der abgezogenen Haut anderer Eidechsen, die er mit Quecksilber füllte, so daß sie sich bewegte und zitterte, wenn sie ging; sodann machte er ihr Augen, Bart und Hörner, zähmte sie, tat sie in eine Schachtel und jagte alle seine Freunde damit in Furcht.« Vermutlich arbeitete er an der sublimen Grenze von Schmerz und Anmut.

Wer war der rätselhaft begnadete Maler, Erfinder und Impresario, der fein geputzte Hammeldärme mit Blasebälgen aufpumpte, bis sie ein ganzes Zimmer füllten, und diesen Vorgang mit der Ausbreitung des Genies verglich?

Es handelt sich um den Maler Leonardo da Vinci, der vom 15.4.1452 bis zum 2.5.1519 lebte.

2

Hatte Melanchthon recht, war die Malkunst nichtig? Man saß zusammen in der Herrentrinkstube, verhandelte die Religion und den Stand der Gestirne, Bier und Südtiroler flossen, auch gewürzter Rheinwein, mit Honig gesüßt, und bevor es um die Frauen ging (wo man sich wieder einig war), schwollen die mächtigen Männer der Stadt zu erkenntnistheoretischen Kampfhähnen. Und er, der schönste unter ihnen, mit den dunklen Augen, den Locken, dem Zwirbelbart und dem wunderlich zarten Mund, die Oberlippe zum Amorbogen aufgeschwungen, er polterte dann gegen seinen gelehrten Busenfreund Willibald, der es mit Melanchthon hielt: »Aber das, wovon du redest, läßt sich nicht sagen, und nicht einmal denken.« Also konnte man doch versuchen, es zu malen.

Er war ein Reporter der Seele, die Seele aber begann bei den Körpern, und er war sein erstes Modell. Zunächst begann er mit Porträts, dann aber wagte er – noch keiner hatte das vor ihm getan – eine Akt-Selbststudie. Seine zeichnende Hand war auf der Spur der Erkenntnis, also durfte er nichts beschönigen. Er malte sich mager, mit schlaffen Hautpartien, ein penibler Buchhalter der Präzision. Nicht einmal den Schattenwurf seines Geschlechts auf dem Oberschenkel ließ er aus. Johann Caspar Lavater sagte von ihm: »Sein Auge faßte die Natur wie ein Raubtier seinen Raub. Es entging ihm nichts, nicht das

Geringste, ja das Geringste am allerwenigsten – keine Falte und keine Spalte.« Und dann malte er sich mit den großen Ikonenaugen einer Christusgestalt, und in die Iris setzte er ein Fensterkreuz als Reflex. Er war der Messias, der Messias war in ihm: Sie trugen ein Kreuz. Oder er strichelte einen Menschen mit seiner sichtbaren Milz und schrieb dazu: »Do der gelbe fleck ist und mit dem finger drauf deut, do ist mir weh.« Wie konnte er das Wehsein, die Melancholie, bannen? Er war mit dem Tod groß geworden. Einen Schwung Geschwister hatte er sterben sehen. Von den achtzehn Kindern, die seine Mutter zur Welt brachte, überlebten nur drei Knaben; er war der älteste von ihnen. Er wird mit einer Ratsherrentochter verheiratet und flieht wenige Monate später allein vor der Pest nach Venedig. Dort studiert er den Faltenwurf in den Bordellen. Auch eine zweite Pestepidemie überlebt er in der Lagunenstadt, während die Frau in Frankfurt kurzgehalten wird. Er gibt ihr den freundlichen Rat, sie solle doch auf der Buchmesse etwas von seiner Graphik verkaufen. An den guten Willibald, den »Hurenfreund«, der alles beschläft, was nicht flüchtet, schreibt er muntere Briefe: »Das Buhlen steht Euch an, wie dem großen zottigen Hund das Spielen mit dem jungen Kätzchen.« Und er solle sich doch hüten, seine Angetraute zu klistieren, er ritte sie ja zu Tode. Dann wieder wünscht er zu erfahren, wie es denn sei, seine Frau zu reiten. Der Freund solle sie aber auch ihm, dem Gatten, gönnen. Wer weiß, was hier Männerwahn und was Wahrheit ist. Die Ehe jedenfalls blieb kinderlos. Er zeichnet die Gattin mit gesenktem Kopf, wie sie die Faust ballend dasitzt. Auch Willibald hat er verschiedentlich gemalt. Und unter eines der Porträts schrieb der dann stolz und auffordernd in griechischen Lettern, was übersetzt sich liest als: »Mit dem erigierten Penis in den Hintern des Mannes.«

Wer war der Maler, der einmal sagte: »Die schönheit, was das sey, das weis ich nicht, wiewohl sie viel dingen anhangt«?

Es handelt sich um den Maler Albrecht Dürer, der vom 21.5.1471 bis zum 6.4.1528 lebte.

3

Mit fünfundzwanzig Jahren vertritt er einen Lehrstuhl für Moralphilosophie, mit achtundzwanzig ist er Inhaber einer Theologie-Professur. Über dreißig Jahre, bis zu seinem Tod, wird er unterrichten. Elf Jahre ist er zusätzlich noch Dekan. Und daneben publiziert er, daß es nicht mit rechten Dingen zuzugehen scheint. »Ich habe eine rasche Hand und ein promptes Gedächtnis. Wenn ich schreibe, fließt mir's nur so zu, ich brauche nicht zu pressen und nicht zu drücken.« Das Pressen und Drücken war ihm kein geistiges, sondern ein körperliches Problem. Immer wieder beschreibt er in aller Ausführlichkeit seine bösen Verdauungsbeschwerden: »Mein Stuhl ist so hart, daß ich gezwungen bin, ihn unter großem Schmerz herauszupressen, bis mir der Schweiß herabrinnt; und je länger ich es aufschiebe, um so härter wird der Stuhl.« Oder auch: »Nun sitze ich da mit Schmerzen wie eine Wöchnerin, aufgerissen, verletzt und blutig und werde die Nacht keine oder nur eine mäßige Ruhe haben.« Die von Freunden angeratenen Abführmittel helfen nicht. Und so ist es wenig verwunderlich, daß ihn auch die geistige Lösung, die entscheidende Wende seines Denkens, während eines vermutlich befriedigenden Aufenthalts auf dem Abort überkam: »Diese Kunst hat mir der Heilige Geist auf dieser Kloake auf dem Turm gegeben.« Er schämte sich des Ortes der Erkenntnis nicht, nein, er rief ihn hinaus in die Welt.

Dies hätten seine Gegner bedenken können, wenn er schmähte, sie seien »Scheiß-Poeten«, man müsse sie »hinwegscheißen«, aus ihren Mündern solle »ein Scheißhaus werden« und er werde sie mit »Eselsfürzen« füttern. Dahinter stand wohl die Idee der Purgation. Schlimmer als die Feinde, die er unter die Auspizien des Kotes stellte, traf es vielleicht die »adligen Schnarrhänse«, die »Hurenwirte«, die »lauteren Närrchen« und die »Ruhmtierchen« aus dem Kreis seiner werten Kollegen.

Er heiratete spät, eine, wie er fand, nicht besonders schöne Frau, von der er wie von allen »Seichlochern« (eine seiner Vokabeln für das andere Geschlecht) erwartete, sie solle entsprechend der weiblichen Natur »breite Hüften und Gesäß haben, daheim bleiben, im Hause still sitzen, haushalten, Kinder tragen und ziehen«. Sie war klug, ließ ihn reden und brachte Ordnung in seine ranzige Bude. Er stutzte: »Das erste Jahr der Ehe macht einem seltsame Gedanken. Denn wenn er am Tische sitzt, denkt er: Vorher war ich allein, nun bin ich zu zweit. Wenn er im Bette erwacht, sieht er ein Paar Zöpfe neben sich liegen, welche er früher nicht sah.« Die Ehe hielt bis zu seinem Tod; man sagt, sie sei glücklich gewesen.

Wer war der Autor, der zu seiner Zeit ein Drittel der deutschsprachigen Buchproduktion verfaßte und europäische Mentalitätsgeschichte schrieb?

Es handelt sich um den Theologen Martin Luther, der vom 10.11.1483 bis zum 18.2.1546 lebte.

4

Prinzipiell hielt er die Unsterblichkeit für machbar. Denn mit den Menschen hatte Gott Automaten geschaffen, die nach technischen Prinzipien funktionierten. Es kam also darauf an, ihre Mechanik zu erkunden, zu verstehen, zu erlernen. Seine Zeit schenkte ihm anschauliche Vorbilder und Metaphern: die tickenden Uhren, die luftrauschenden Orgeln, die hydraulischen Wasserfiguren in den königlichen Gärten. Alles das bewegte sich, atmete, strömte nach berechenbarer Gesetzlichkeit, war instand zu halten und vernünftig zu reparieren. Auch die menschliche Leibesmaschine würde einmal unendlich zu kontrollieren sein. Da er an eine mechanische Biologie glaubte, experimentierte er mit toten Fischen, Hasen, Hunden, Kälbern. Hinter vorgehaltener Hand sagte man ihm Vivisektionen und andere Schauerlichkeiten nach. Er entwarf eine künstliche Taube mit vertikal angesetzten Tragschrauben, einen bemannten rotierenden Flugkörper, einen Seiltänzer; auch ein Tantalus-Automat ist erwähnt.

Wie die Unsterblichkeit hielt er prinzipiell auch den Frieden für machbar. Aus analogen Gründen. Man mußte sich nur vor zweifelhaften Prämissen hüten und die Sache vorurteilsfrei und klar angehen. »Frieden durch Eintracht und Eintracht durch philosophische Klarheit« war seine Maxime. Im Grunde kam es also darauf an, die Welt noch einmal von Anfang an zu denken.

Am liebsten dachte er im Bett, zurückgeworfen auf sich und seine Träume, Bücher auf dem Nachttisch. Er war ein frühreifes Universalgenie, elegant und selbstbewußt, ein Aristokrat in Geist und Gestus: »Besonders betrachte ich alle Versprechen, durch die man seine Freiheit in irgendeiner Weise beeinträchtigt, als Maßlosigkeiten.« Da er sich nicht gern bevormunden ließ, war er viel auf Reisen. Als er einmal dem Wunsch einer Königin nachkommt und an ihren Hof zieht – »in das Land der Bären, um zwischen Klippen und Gletschern zu leben« – bekommt ihm das schlecht. Die vielbeschäftigte Dame wünscht dreimal die Woche seinen philosophischen Unterricht, allerdings frühmorgens um fünf Uhr. Er beugt sich, aber seine an lange Bettruhe gewöhnte »Leibesmaschine« macht nicht mit. Nach vier Wochen wird er krank. Er mißtraut den königlichen Schulmedizinern und führt sich selbst »Spiritus vitales« zu. Das war dann doch zuviel Branntwein bei einer schweren Lungenentzündung. Für die anderen blieb er ein Scharlatan. Die Antwerpener Zeitung berichtet kühl: »In Schweden ist ein Narr gestorben, der behauptet hat, er könne so lange leben, wie er wolle.«

Wer war der epochemachende Autonome?

Es handelt sich um den Philosophen René Descartes, der vom 31.3.1596 bis zum 11.2.1650 lebte.

5

Er war Sammler. Und hatte keinen Sinn für Geld. Allein im Erdgeschoß seines großbürgerlichen Kaufmannshauses hortete er hundertzwanzig Bilder, die Zimmer der höhergelegenen Stockwerke waren – so sie nicht als Ateliers dienten – vollgestellt mit einer enzyklopädischen Anhäufung von Exponaten aus exotischen Welten: javanesische Schattenfiguren, kaukasische Reitersättel, persische Bordüren, Waffen, Paradiesvögel aus Neuguinea. Die Kunstkammer versammelte Originale oder Abgüsse antiker Statuen, aber auch die kunstvolle Natur von Muscheln und Korallen. Was er sammelte, war Objekt des Studiums und Quelle der Inspiration. Beeindruckend seine »Papierkunst«: Zeichnungen, Kupferstiche, Holzschnitte, darunter Stücke von Martin Schongauer, Hans Holbein, Lucas Cranach, Mantegna, Tizian, Raffael, Michelangelo, Rubens. Er war nicht nur selbstbewußter Herr dieser Schätze, sondern auch bekannt dafür, daß er für seine eigenen Sachen horrend teure Preise nahm (mitunter forderte er das Zehnfache dessen, was berühmte Kollegen in Italien bekamen). Doch er war ein Bankrotteur. Nur knapp entkam er dem Schuldgefängnis. Statt zu malen, schrieb der Zweiundfünfzigjährige Inventurlisten und ließ seine Sammlung in einem Gasthaus versteigern. Preisabsprachen hatten zur Folge, daß er fast nichts dafür bekam. Wenige Monate später wurde das Haus zwangsversteigert. Jahrelange Prozesse folgten. Er betörte Gläubiger und kaufte wieder Kunst. Er wurde für geschäftsunfähig erklärt, sein Sohn aus erster Ehe und seine Konkubine (die er liebte, aber nicht heiraten durfte, um das Erbe seiner verstorbenen Frau nicht zu verlieren) gründeten eine Scheinfirma und managten ihn. Am Ende war er so arm, daß er das Grab seiner Frau verkaufte und an die Sparbüchse seiner fünfzehnjährigen Tochter ging.

Als er starb, schien sich niemand dafür zu interessieren. Sein Stern war gesunken, als er sich weigerte, Kompromisse einzugehen. Was die anderen klassizistisch nannten, langweilte ihn. Ihnen wurde er zum Ketzer der Malerei.

Wer schuf das Gemälde einer jüdischen Braut, von dem van Gogh sagte, daß er zehn Jahre seines Lebens dafür gäbe, wenn er »hier vor diesem Bild vierzehn Tage lang sitzen bleiben könnte, nur mit einem Stück trockenen Brot zu essen«?

Es handelt sich um den Maler Rembrandt, eigentlich R. Harmensz van Rijn, der vom 15.7.1606 bis zum 4.10.1669 lebte.

6

Mit sieben las er lateinische Klassiker und die Kirchenväter, mit vierzehn notierte er die Grenzen der Aristotelischen Logik. Mit achtzehn schrieb er eine juristisch-philosophische Magisterarbeit, in der er auch der Frage nachging, ob ein schlafender Mensch »gegenwärtig« und die Biene ein »wildes Tier« sei. Seine Promotionsarbeit diskutierte ungelöste Rechtsfälle. Alles, was denkbar war, interessierte ihn. Er wollte zeigen, daß die Welt wissenschaftlich vernünftig einzurichten war. Eine verschworene Elite-Gemeinschaft sollte heimlich die Weltherrschaft übernehmen. Als Organisationsform dachte er an eine Mischung aus holländischer Handelsgesellschaft und Jesuitenorden. Handwerker kämen dann in Arbeitshäuser, würden mit Saurem gefüttert, damit sie nicht soviel tränken; Kinder brächte man in Erziehungsheime, wo sie, vernünftig geleitet, tugendhaft und glücklich heranwüchsen. Er wurde indessen milder. Er arbeitete für Fürsten, Minister, Herzöge, er diskutierte mit Königinnen und Prinzessinnen. Er wies ihnen zwingend nach, daß die Seele unsterblich sei, und als er einen »Ägyptischen Plan« entwickelte, der vorsah, Ludwig XIV. nach Vorderasien und Nordafrika zu locken, damit die Kriege in Europa aufhörten, kam er auf die Idee des Suezkanals. Er schlug eine Feuer- und Wasserversicherung vor (und konnte sich nicht durchsetzen), arbeitete an einem Verfahren, Luft über hundertmal stärker zusammenzupressen als bis dahin bekannt, und entwickelte Mühlen für eine »Horizontal-Windkunst« (die kläglich scheiterten). Aufgrund seines logischen Verstands wurde er zum geschätzten Berater in fürstlichen Scheidungsfragen. Einmal dachte er auch an eine protestantische Chinamission: »Wir werden quer durch die Tartarei nach China reisen in Schlitten, die mit Segeln versehen sind und von Hunden gezogen werden. Sobald die Segel nichts mehr leisten, machen die Hunde sich ans Ziehen, und wenn der Wind günstig ist, kehren sie in den Schlitten zurück und lassen sich nebst ihren Herren weiter fahren.« An seiner Tür sollte ein Zettel hängen: »Auskunftsbüro für China«.

Er hatte weder Frau noch Mann; sein erotisches Terrain war der Schreibtisch. Er war besessen von einem »Alphabet der Gedanken«, einer »Mathematisierung des Denkens« durch eine Symbolsprache, in der man »nicht mehr irren« könne. Früh kränkelt er, klagt über Hitze, Frost, Magengrimmen und »bei genauem Nachdencken in Lesen und Schreiben im Munde einen eisenhaften und gleichsam vitriolischen oder Dintengeschmack«. Vielleicht war er selbst schon ein Automat. Bei seinen Gichtanfällen ließ er sich eigens gefertigte Schraubstöcke an die schmerzenden Stellen aufschrauben, damit ihn der Gegenschmerz ablenke; seine offenen Beine therapierte er mit Löschpapier.

Wer war das rigide Universalgenie?

Es handelt sich um den Philosophen Gottfried Wilhelm Leibniz, der vom 1.7.1646 bis zum 14.11.1716 lebte.

7

Mäusekadaver, aus denen Würmer krochen, soll sie nach Hause gebracht haben. Auch habe sie vergammelnden Käse gepflegt, in dem sich Maden krümmten. Bis zu ihrem Tod lebte sie mit Zuchtkäfigen, in denen Kleinstgetier kroch, und mit Branntweingläsern und Schachteln, in denen es tot schwamm oder aufgespießt hing. Sie scharrte nach Würmern und las Raupen auf. Man sagte, sie beschäftige sich mit »Excrementen«. Denn die Nachbarn glaubten, daß Würmer, Käfer, Fliegen durch »Urzeugung« entstünden: aus faulendem Schlamm. Sie war unerschrocken und hatte Geduld. Ihr Erkenntnishunger mischte sich mit einer Andacht vor dem Winzigsten, das sich vor ihr rührte. Und freilich prägte sie des Vaters Erbe, obwohl sie gerade drei war, als er starb. Danach verlor sie ihren kleinen Bruder und bald auch zwei Stiefgeschwister. Sie sah die gemeißelten Schmetterlinge auf den Gräbern. Vielleicht schenkte, was sie an den Raupen beobachtete, ihr einen anschaulichen Trost. Sie verfolgte die Metamorphosen: aus der Raupe wurde ein »Dattelkern« und dann ein »Sommervögelein«. Nachtfalter nannte sie »Mottenvögelein« oder auch »Eulen«.

Sie galt als häßlich und war, als Tochter ihres Vaters, eine gute Partie. Über ihre Ehe ist wenig bekannt. In ihrem Scheidungsbegehren gegenüber dem Frankfurter Rat deutete sie vage sexuelle Unverträglichkeit an. Allerdings gebar sie ihrem Gatten noch im Jahr vor der Trennung ein zweites Töchterchen. Zusammen mit diesem Kind sollte sie später die Erfüllung ihres Lebens erfahren. Im Juni 1699 besteigen die beiden in Amsterdam ein Segelschiff, das sie glücklich nach Surinam bringt. Nach zweieinhalb Jahren kommen sie zurück, mit einer in Europa noch nicht gesehenen ersammelten Ausbeute.

Sie wäre gerne länger geblieben, trotz des mörderischen Klimas; die Malaria war stärker als ihre Sehnsucht. Ungeahntes hat sie gesehen, gekostet: »Wenn man sie essen will, wird sie geschält. Die Schale ist einen Daumen dick. Wenn sie zu dünn geschält wird, bleiben scharfe Härchen daran sitzen, die beim Essen in die Zunge eindringen und viele Schmerzen verursachen. Der Geschmack dieser Frucht ist, als ob man Trauben, Aprikosen, Johannisbeeren, Äpfel und Birnen miteinander vermengt hätte, die man alle gleichzeitig darin schmeckt. Ihr Geruch ist lieblich und stark. Wenn man sie aufschneidet, so riecht das ganze Zimmer danach.« Doch gab sie kaum die Beschreibung einer Frucht ohne ihren spezifischen, gar individuellen Wurm: »Die Raupe, die auf dieser Ananas sitzt, fand ich im Gras bei den Ananassen Anfang Mai des Jahres 1700.«

Wer war die Frau, die den Wurm und seinesgleichen ewig herrlich machte?

Es handelt sich um die Zeichnerin Maria Sibylla Merian, die vom 2.4.1647 bis zum 13.1.1717 lebte.

8

Mit fünfzehn Jahren begann er seine Ausbildung zum Priester. Ein Jahr »Lektor«, das zweite Jahr »Exorzist«, das nächste »Akolyth«. Dann kamen die höheren Stufen: »Subdiakon«, dann »Diakon«; nach insgesamt neun Jahren wird er zum Priester geweiht. Die Messe liest er dann allerdings nur wenige Monate, aus gesundheitlichen Gründen, sagt er. Eines Leidens wegen, das ihn schon seit früher Kindheit plage, habe er aufhören müssen. Aber hinter der vorgehaltenen Hand wird gemunkelt: Sobald er einen musikalischen Einfall habe, verschwinde er einfach vom Altar und erscheine erst wieder zur Zeremonie, wenn er die Idee fliegend notiert habe. Die Kirche schickt ihn konsequenterweise als »Maestro di violino« an ein frommes Institut, in dem die Töchter der Patrizier untergebracht werden, wenn ihre Väter die hohe Mitgift sparen wollen. Das Pio Ospedale della Pietà hat allerdings nur in musikalischer Hinsicht einen guten Ruf. Manche der Nonnen sollen sich dort als Kupplerinnen betätigen, und die Heiterkeit der Liebesnächte dringt bis über die Klostermauern. Auch er, den man den »roten Priester« nennt, lernt im Kreis seiner Schülerinnen die um achtzehn Jahre jüngere Anna kennen, Tochter eines französischen Perückenmachers aus Mantua, die ihn bald nicht nur als Sängerin erfreut. Manchmal brilliert er als Teufelsgeiger, wenn er seine Soli zum allgemeinen Erschrecken herunterfiedelt: »Denn dergleichen ohnmöglich so jemals ist gespielt worden, noch kann gespielet werden, denn er kam mit den Fingern nur einen Strohhalm breit an den Steg, daß der Bogen keinen Platz hatte, und das auf allen vier Saiten mit Fugen und einer Geschwindigkeit, die unglaublich ist.« Solch artistische Raserei eignete ihm auch beim Komponieren. Er hat um die 500 Konzerte geschrieben und nach eigener Aussage 94 Opern (Pasticci zugegebenermaßen, in denen er nach Belieben Arien austauschte und manche unter verschiedenen Namen oder leicht überarbeitet als Neukompositionen aufführen ließ). »Nachmittags kam er zu mir«, erzählt ein Kunde, »und brachte mir, weil ich es bestellt hatte, zehn Concerti grossi, so er, wie er sagte, mir expresse componiert hätte.« Er habe schneller komponiert, als ein Kopist abschreiben konnte, hieß es. Die Oper *Tito Manlio* hatte er, wie er auf dem Manuskript vermerkte, in fünf Tagen hingeworfen; es waren 370 Partiturseiten. Er war berühmt, umjubelt, verehrt. Doch dann stolperte er über einen engherzigen Kardinal, der seine musikalischen Aktivitäten und seine Sängerin eines Priesters nicht würdig erachtete. Vielleicht kamen seine Sachen auch aus der Mode. Er verließ seine Heimatstadt und zog mit Anna nach Wien. Das letzte Schriftstück von seiner Hand ist eine Empfangsquittung über zwölf ungarische Gulden »per tanta musica«. Innerhalb eines Jahres stirbt er verarmt an »innerem Brand«.

Wer war der extravagante Priester-Musiker, der noch am Todestag verscharrt wurde, bei »Kleingeleuth«?

Es handelt sich um den Komponisten Antonio Vivaldi, der vom 4.3.1678 bis zum 28.7.1741 lebte.

9

Der Riesige speist nie anders, so hören wir raunen, / Als eine gedoppelte Platte von Mast-Kapaunen.« Was man über ihn reimte, klang in Prosa noch drastischer: Gerne sei der Hüne in Gasthöfe gegangen, habe sich bis zu sechzehn Menügänge zusammengestellt und auf die verwirrte Frage des Kellners, wo denn der Rest der Gesellschaft bliebe, nur lakonisch geantwortet: »Die Gesellschaft bin ich.« Eine Karikatur mit dem Titel »Das bezaubernde Untier« zeigt ihn fett mit einem Schweinsrüssel statt eines Gesichts inmitten von toten Kapaunen auf einem Faß an der Orgel sitzend. Weinflaschen und Austernschalen liegen am Boden. Zeitgenossen haben sich gewundert, wie er mit seinen aufgeschwemmten, wulstigen Händen so flink die Tasten bewegen konnte. Es umgab ihn die Aura des Monströsen.

Er lebte einfach, zwischen heruntergekommenen Möbeln, aber mit einer exquisit ausgestatteten Küche. In diesem Reich der Kupferkasserollen, Zinntöpfe, Bratenspieße, Fischzuber, Stielpfannen, Kaffeekannen beschäftigte er mehrere Personen. Zwischenzeitlich hatte er einen Koch, der auch in seinen Opern sang oder bei Bedarf Cello spielte. Lud er Gäste zu sich nach Hause zur Bewirtung ein, konnte es sein, daß er unter dem Vorwand, er müsse einen musikalischen Einfall notieren, verschwand. Und immer wieder verschwand. Durchs Schlüsselloch aber war beobachtet worden, daß er keineswegs komponierte, sondern allein einen sehr viel besseren Wein in sich hineinschüttete, als er seinen Gästen anzubieten gewillt war. Er war fleißig, ehrgeizig, er hatte Erfolg, der ihn reich machte, und er setzte sich durch. Auch bei seinen Musikern. Einem legendären Primgeiger Italiens riß er kurzerhand die Violine aus der Hand und strich ihm in kräftigen Akkorden vor, wie er die Passage gespielt haben wollte. Eine hochdotierte Sopranistin, von der man sagte, sie habe ein »Nest von Nachtigallen im Bauch«, umfaßte er kurzentschlossen bei der Taille und schleppte sie ans Fenster, wo er ihr drohte, sie hinauszuwerfen. Sie hatte sich geweigert, eine Arie zu singen, die er ihr zugedacht hatte. »Oh, Madame«, polterte er, »ich weiß, daß Sie eine wahre Teufelin sind, aber ich werde Ihnen zeigen, daß ich Beelzebub, der Oberste der Teufel, bin.« Daraufhin sang sie. Bei einem wütenden Duell mit einem Kollegen (er hatte ihm den Platz am Cembalo nicht freigeben wollen) wäre er fast ums Leben gekommen. Ein großer Mantelknopf, an dem die Degenspitze absplitterte, rettete ihn.

Wer war der vielleicht erste Komponist von europäischer Statur, dessen Werk ein unerschütterlicher Sinn für Harmonie auszeichnet?

Es handelt sich um den Komponisten Georg Friedrich Händel, der vom 23.2.1685 bis zum 14.4.1759 lebte.

10

Ich habe überhaupt das Gefühl, daß ich für Leidenschaft nicht geschaffen bin. In der Liebe komme ich mir selbst ein wenig lächerlich vor. So ist es nun mal, ich verzichte für immer auf all dies.« Der hier nüchtern Verzicht gelobte auf »all dies«, war ein Schriftsteller von fünfundzwanzig Jahren. Mag seine Physis auch eher fragil gewesen sein, seine finanzielle Potenz war erstaunlich. Bald war er der reichste Literat von Paris, auch wenn er sein Geld nicht unbedingt durchs Schreiben verdiente. Er hatte ein Händchen für Aktiengeschäfte, unter seinem Namen fuhren Schiffe auf allen Meeren, er zog Nutzen aus Pacht- und Lieferverträgen. Später wurden ganze Bücher über seine winkligen Finanzgeschäfte geschrieben. Einmal gefiel es ihm nach einem Abendessen mit einem Mathematiker, die staatliche Lotterie einfach auszutricksen. Soupierend hatte er nachgerechnet, daß die neue Kalkulation des Generalkontrolleurs nicht stimmen konnte. Wer alle Lose aufkaufte, durfte mit einem Reingewinn von einer Million rechnen. Schnell überzeugte er seine finanzkräftigen Freunde: Eine Gesellschaft wurde gegründet, die tatsächlich alle Lotterielose erwarb. Die Geschichte brachte ihm ein Vermögen und kostete den Lotterie-Generalkontrolleur den Job. Der Autor blieb finanziell auf der Erfolgsspur. Mit sechzig galt er als der reichste Literat des damaligen Europa.

Daß er alt werden würde, hatte er nicht geglaubt. Immer war ihm kalt, ständig hatte er Schwächezustände, seltsame Malaisen. Mit achtunddreißig meinte er zu beobachten, wie er langsam zerfalle, er rechnete damit, nicht älter als vierzig zu werden. Er täuschte sich. Zunächst kam noch einmal die Liebe. Seine Angebetete war elf Jahre jünger, verheiratet, Mutter von zwei Kindern, äußerst vital und hinreißend intelligent. Er empfand, daß ihr Geist dem seinen entsprach. Sie empfand das auch. Aber dann kam doch die Zeit, da sie ihm erklären mußte, daß, wenn er für ihr Wohlbefinden »nichts ohne größten Schaden« für sein eigenes tun könne, er dann auch kein Recht habe, zornig zu sein, wenn ein Freund diesen männlichen Pflichten nachkäme. Zähneknirschend arrangierte er sich also mit dem Kerl von Liebhaber, so wie sich der rechtmäßige Gatte der Dame vor Jahren mit ihm arrangiert hatte. Seine gesunde Geliebte starb, geschwängert vom kraftstrotzenden Nebenbuhler, mit einundvierzig Jahren an Kindbettfieber. Er blieb zurück, sehr reich, sehr erfolgreich und sehr großzügig.

Wer war der ewige Kranke, der früh und fleißig publizierte, sein erstaunliches Hauptwerk aber etwa zwischen seinem sechzigsten und vierundachtzigsten Lebensjahr verfaßte?

Es handelt sich um den Philosophen Voltaire, der eigentlich François Marie Arouet hieß und vom 21.11.1694 bis zum 30.5.1778 lebte.

11

Sie ist zwanzig Jahre alt, als sie einen sechsunddreißigjährigen Witwer heiratet. Der bringt aus erster Ehe mit seiner Cousine eine Tochter (zwölf Jahre) und drei Söhne (der jüngste sechs) in den Hausstand. Drei Kinder waren ihm gestorben. Mit dreiunddreißig hat die neue Ehefrau bereits elf Kinder geboren, zwei sollten noch folgen. Sechs überlebten. Die Ehe galt als glücklich, obwohl der Gatte leicht aufbrausend und beruflich unstet war. Einst hatte er Klavier- und Orgelvirtuose werden wollen, schließlich brachte er es zum Musikbeamten auf Lebenszeit, hatte aber keine rechte Lust, Lateinunterricht zu geben, fehlte oft im Dienst und blieb störrisch gegenüber der Obrigkeit.

Das Paar unterhält einen turbulenten, pietistisch geprägten, aber nicht frömmelnden Hausstand. Eine empfindsame Innerlichkeit und allgegenwärtige Sterbebereitschaft prägt den Alltag der heiligen Familie. Sie ist die treue Gefährtin ihres Mannes, die liebevolle Erzieherin der Kinder. Man ist um die musikalische Bildung zumal der Knaben bemüht und pflegt Hausmusik auf höchstem Niveau. Sie singt »sauberen Sopran«, wie ihr Gatte stolz vermerkt, und spielt auch Cembalo. Das Geld aber reicht nie. So betreibt die Familie in ihrem für Schüler und Gäste offenen Haus einen Musikalienhandel und -verleih und einen Musikverlag. Sie kopiert Noten in einer sehr anmutigen Schrift, die sich der Handschrift ihres Mannes so erstaunlich annähert, daß Spezialisten später streiten konnten, was aus ihrer, was aus seiner Feder kam. Ihre berühmtesten Abschriften werden heute in der Berliner Staatsbibliothek verwahrt.

Sie liebte gelbe Nelken, über die sie sich freuen konnte »wie ein kleines Kind auf den heiligen Christ«. Auch hing sie sehr an Vögeln, denen Menschen das Singen beigebracht hatten. Mit neunundvierzig Jahren wurde sie Witwe. Sie erklärt dem Rat der Stadt, auf eine Wiederverheiratung zu verzichten, und erhält ein »halbes Gnaden-Jahr« bezahlt. Danach lebt sie als »Almosen-Frau« von der spärlichen öffentlichen Fürsorge. Sie verkauft Manuskripte, bekommt noch einige Taler für eine Drucklegung. Mit neunundfünfzig Jahren stirbt sie; ihre jüngste Tochter verarmt. Im Jahr 1800 veröffentlicht die *Allgemeine musikalische Zeitung* in Leipzig einen Spendenaufruf, den Beethoven aus Wien unterstützt.

Wer war die »Almosen-Frau«, Stiefmutter von vier, Mutter von sechs Kindern, die in die Weltmusik einging aufgrund eines handgeschriebenen Büchleins, in das ihr Mann, sie selbst und einige ihrer Kinder über zwanzig Jahre kleine Schätze und Sätze notierten?

Es handelt sich um Anna Magdalena Bach, die vom 22.9.1701 bis zum 27.2.1760 lebte.

12

Seine Lehrherren hatte der Junge hastig gewechselt. Als ihn eine freundliche Seele auf ein Priesterseminar schickte, scheiterte er an den Regeln der lateinischen Grammatik. Er war einfach faul, konnte diesen Umstand aber elegant formulieren: »Ich war dazu bestimmt, von allen Berufen ausgeschlossen zu sein.« Am liebsten tat er nichts oder versuchte höchstens, sich in jene »verführerische Schlaffheit zu versenken«, für die er eigentlich »geboren sei«. Ziemlich früh landete er auf der Straße, schlug sich als Landstreicher und Gelegenheitsarbeiter durch. Das sicherste Geld hat er – auch später – als Notenschreiber und -kopist verdient. Die Musik sagte ihm etwas, und eine Weile hatte er sogar das »immer lustige Leben mit den Musikern und Chorknaben« der Musikschule einer Domkirche ausgehalten. Aus dieser Zeit rührten Grundkenntnisse, mit denen er dann unterwegs wucherte. Es gefiel ihm, manche Dinge auf die Spitze zu treiben. »Ohne auch nur den kleinsten Gassenhauer in Noten setzen zu können«, nannte er sich Musiklehrer und gab einmal sogar – als Komponist und Dirigent – ein Konzert im Hause eines angesehenen Musikfreundes: »Die Wirkung war schlimmer als alles, was einige zu erwarten schienen. Die Musiker erstickten vor Lachen; die Zuhörer machten große Augen und hätten sich gern die Ohren verstopft. Meine Henker von Instrumentalisten, die sich einen Spaß machen wollten, vollführten einen Lärm, der einem Tauben das Trommelfell sprengen konnte.« Auch in sexueller Hinsicht zeigte sich früh ein gewisser Hang zu »extravaganten Manövern«, wie er seine exhibitionistischen Neigungen nannte: »Ich suchte dunkle Alleen, versteckte Bezirke auf, wo ich mich von fern den Personen des anderen Geschlechts in der Stellung zeigen konnte, in der ich ihnen gern nahe gewesen wäre. Was sie zu sehen bekamen, war nicht das unzüchtige Objekt, daran dachte ich nicht einmal, das lächerliche war es. Das törichte Vergnügen, es vor ihren Augen zur Schau zu stellen, war unbeschreiblich.«

Wer war der Ahnherr aller menschlichen Abgründe, der als Autor nicht nur freimütig seinen Hintern, sondern sein Empfinden entblößen sollte, in der aufklärerischen Überzeugung, daß es »kein menschliches Inneres gibt, das – so rein es auch sein möge – nicht irgendein widerwärtiges Laster birgt«?

Es handelt sich um den Philosophen Jean-Jacques Rousseau, der vom 28.6.1712 bis zum 2.7.1778 lebte.

13

Ob ich leide?« schrieb er nach einer exzessiven Völlerei seiner Geliebten und beantwortete die Frage sofort: »Mehr denn je, und das verdientermaßen. Ich habe gegessen wie ein junger Wolf.« Dabei war er bereits ein Mann von zweiundfünfzig Jahren, hatte Magengeschwüre und Gicht und sollte sich an eine Milchdiät halten. Er aber hatte »Weine mit allen möglichen Namen getrunken«, war einer »Melone von unglaublicher Perfidie« erlegen, gefolgt von einem »riesigen glacierten Käse«. Dann Liköre und Kaffees. Das Ergebnis war entsprechend: »Eine abscheuliche Magenverstimmung, die mich die ganze Nacht nicht schlafen und den Morgen zwischen einer Teekanne und einem anderen Geschirr verbringen ließ, das der Anstand zu nennen verbietet.« Immerhin schrieb er zwischen den Pötten gutgelaunte Zeilen. Diese Völlerei, so vermutete er, mußte eine reinigende Wirkung haben: »Vielleicht wird dieses Debakel auch das Rheuma vertreiben.« Hingebungsvolles Essen und Verdauen zeichnete auch seinen geistigen Stoffwechsel aus: »Ich verbringe fast den ganzen Tag im Schlafrock, lesend und schreibend; ich schreibe ziemlich gute Sachen, angeregt durch überaus schlechte, die ich lese. Wenn es keine neuen Bücher gibt, über die ich berichten könnte, dann mache ich Auszüge aus nicht vorhandenen in der Erwartung, daß jemand sie schreibt.«

Einst war er der hoffnungsvolle Sohn eines rechtschaffenen Messerschleifers gewesen. Aber all seine beruflichen Versuche (vom Priester bis zum Handwerker, vom Anwaltsgehilfen zum Hauslehrer) scheiterten mehr oder minder desaströs. Schließlich antwortete er auf die Frage, was er denn eigentlich werden wolle: »Offen gestanden gar nichts. Meine Liebe gehört den Büchern; mit ihnen bin ich vollkommen glücklich und zufrieden, mehr brauche ich nicht.« Das stimmte schon, aber ganz wahr war es doch nicht. Bei aller Lektüre hatte er immer eine brave Frau an seiner Seite, genaugenommen an der andern Seite, also da, wo seine Ehefrau nicht war. Vielleicht waren ihm Lieben und Lesen und Schreiben eins. Nicht nur weil ihm das Denken eine erotische Tätigkeit zu sein schien, sondern auch, weil ihm Liebesbriefe eine Kunst waren, »die Arme zu verlängern«. Den verbissen Enthaltsamen, den programmatischen Verächtern von kulinarischen wie erotischen Genüssen schleuderte er entgegen: »Bedenke, daß nur die Lust dich aus dem Nichts gezogen hat.«

Wer war der Autor mit Gefängniserfahrung, der aus Angst vor erneuter Haft und Zensur dazu überging, seine Texte anonym zu veröffentlichen oder als Schmuggelgut unter fremde Federn zu mischen, und der so ungebunden seinen Ideen nachstieg, daß er einmal formulierte: »Meine Gedanken sind meine Dirnen«?

Es handelt sich um den Philosophen Denis Diderot, der vom 5.10.1713 bis zum 31.7.1784 lebte.

14

Sein Körper war sein heimtückischster Feind: gierig und suchtbereit. Also hieß es vorsichtig leben. Strategiewach lag er vor sich auf der Lauer. »Es hat vielleicht nie ein Mensch gelebt, der eine genauere Aufmerksamkeit auf seinen Körper und auf alles, was diesen betrifft, angewendet hat«, erkannte ein Freund und sah, daß ihn dabei »vernünftige Gründe bewogen. Ihn interessierte die Erreichung eines hohen Alters.« Er lebte diätetisch: keine Reisen, keine Wanderungen, um Himmels willen keine Liebesgeschichten! Nur ein täglicher Spaziergang schien ihm angeraten, und damit er sich auch in der Stube etwas rühre, gewöhnte er sich an, sein Schnupftuch auf einen anderen Stuhl zu legen. Er gab streng darauf acht, nicht ins Schwitzen zu kommen. Denn Schweiß war aller Übel Anfang, eine erste feuchte Entgleisung seines Leibes. Sein Ideal war Körpertrockenheit. »War aber in einer schwülen Sommernacht nur eine Spur von Schweiß bei ihm eingetreten, so erwähnte er dieses Falles mit einer Art von Wichtigkeit, als eines ihm zugestoßenen widrigen Ereignisses«, berichtet sein Arzt. Übrigens beredete er nicht nur mit ihm, sondern auch in Gesellschaft seine möglichen und unmöglichen Unpäßlichkeiten. Sprechend hielt der Geist den Dschungel verborgener Empfindungen in Schach. Gerne »rezensierte« er offen bei Tisch seine Hämorrhoiden und betonte, daß es kein Geheimnis sein müsse, wenn

»jemand die güldene Ader habe«. Zwar war er nie wirklich krank, aber auch nie recht gesund. In der Brust spürte er eine ständige Beklemmung, glaubte sie aber durch haushälterische Atemtechniken oder bewußte Sauerstoffaufnahme mindern zu können, indem er etwa beim Trinken heftig nach Luft schnappte. Im Alter brach die Gier durch, und er »bestand mit Ungestüm auf Stillung seines ausgearteten Appetits«, wie sein Leibarzt weiter beschreibt. Er verschlang geriebenen Käse und rührte sich Töpfe mit Senf an. Seinen Körper hielt er peinlich von dem anderer Menschen fern.

Wer war der bahnbrechende Moralphilosoph, der, todesnah und schon fast bewußtlos, seinen überraschten Arzt küßte?

Es handelt sich um den Philosophen Immanuel Kant, der vom 22.4.1724 bis zum 12.2.1804 lebte.

15

Bei der ersten Leichenöffnung fiel der angehende Chirurg in Ohnmacht; das war das Ende dieser Kariere. Nach einer gewissen Ratlosigkeit schrieb er sich als Student der Theologie ein: »Unwissend, einfältig, unbekannt wie ich war, ohne meiner Eltern Erlaubnis und wider den Willen dessen, dem ich anvertraut war, ja ohne Geld und Aussicht auf nur drei Wochen, ging ich auf die Akademie.« Sein Kapital war seine Jugend, sein Fleiß, seine Intelligenz. Außerdem hatte er eine erstaunliche pädagogische Ausstrahlung. Das sprach sich herum. Zunächst gab er Privatstunden, bald unterrichtete er ganze Schulklassen: Latein, Griechisch, Philosophie, auch Mathematik. Er war nicht direkt kränklich, doch zunehmend entwickelte er eine exquisite Körperempfindlichkeit. So schreibt der Fünfundzwanzigjährige von einer Reise aus Marseille, er leide an »greulichen Schuppen und zersprungenen Lippen«, auch hat er ein »vom Reiten ganz verwundetes Afterantlitz, dem ich das Unglück gehabt habe, statt Salbe rosa Spanischfliegenpflaster aufzulegen, und endlich eine verwundete Hacke«. Früh plagen ihn böse Hämorrhoiden, die er erfolglos mit Eisen- und Solbädern zu kurieren versucht. Seine Zahnschmerzen geht er mit Elektroschocks aus einem galvanischen Reizstromgerät an. Er nimmt »voll Wuth die Elektricitätskette zwischen die Zähne« und kurbelt, so daß an einem Glaskörper durch

Reibung Ladung entsteht. Das hilft vorübergehend. Er leidet, meint aber zumindest gegen Ende seines Lebens zu wissen, daß er »sehr hypo-hypo-hypochondrisch« sei. Seine Frau, die seine Agentin, Seelsorgerin, Krankenpflegerin ist und, wie er meint, auch die Dichterin des Dichters, leidet nicht. Sieben Söhne und eine Tochter gebiert sie nebenbei; beim ersten hält der aufmerksame Gatte die beginnenden Wehen für »Blähungen«, beim zweiten denkt er an die Folgen des verspeisten Gurkensalats. Dann lag wieder ein Knäblein auf dem Schoß. Ihm aber fallen bereits im besten Mannesalter die Haare aus »wie Stoppeln«, mit einundvierzig Jahren fühlt er sich wie ein »junger Greis von Baum, der auf seinem Stamm verdorret«. Sie sieht das anders. »Du bist mein Luther«, himmelte sie ihn als junge Braut an, später war sie sicher, er sei ein Gott. Und lenkte mit diesem unschlagbaren Argument bei jedem Streit wieder ein.

Wer war der begnadete Pädagoge, der im Jahr vor seinem Tod feststellte: »Ich werde alt und unschmackhaft mir selbst und andern«?

Es handelt sich um den Schriftsteller, Theologen und Philosophen Johann Gottfried Herder, der vom 22.8.1744 bis zum 11.3.1803 lebte.

16

Er war ein großartiger Opa. Er liebte seine Enkel nicht nur, er hatte sie tatsächlich gerne um sich. Schon morgens beim Frühstück saß ein »kleiner Mensch« auf seinem Schoß, hing so ein »Käferchen« krabbelnd an seinem Rücken. Wollte der größere der beiden Knaben danach noch mit in sein Arbeitszimmer kommen, so erlaubte es »Opapa« freimütig – wider besseres Wissen. Denn natürlich gab das Kind keine Ruhe. Auf Opas »milde« Bitte, vielleicht woanders zu spielen, folgte das heilige Versprechen, ganz still zu sein. Opa gab nach; »doch bald trat neue zu große Lebendigkeit bei dem Enkel ein«. Wurde der Knabe dann endlich hinausgeführt, stand er heulend vor der Tür, womit der »Zweck der Entfernung« auch nicht erreicht war. Also konnte Opa ihn ebensogut wieder hereinkommen lassen. Mag sein, es war dann für eine kostbare Weile still. Für das kleine Mädchen hatte der kinderliebe alte Mann einen Vorrat an buntfarbigen Seidenbändern neben seinen Manuskripten liegen, um es abzulenken, falls es »zu geräuschvoll wurde«.

Diese Enkelkinder verschlangen nicht nur die köstliche Schokolade, mit denen Opa sie fütterte, ahnungslos fraßen sie seine Zeit! Wer weiß, welche Inspirationen, welche Ausführungen sie uns gekostet haben. Zuletzt ging Großvater gar so weit, seinen Enkeln ausgerechnet in den Fensternischen seines Arbeitszimmers kleine Schreibtische einrichten zu lassen. Dabei war der Raum schon vollgestellt genug mit naturwissenschaftlichen Geräten aller Art. Doch die Arbeitsgemeinschaft mit den Kleinen ging gut. Fand zumindest er. Seine schöne Schwiegertochter sah das etwas anders. Zunehmend wurde sie unruhig. Hatte sie bei den Schokoladenorgien nur vorsichtig interveniert, so sah sie bald doch eindeutigen Handlungsbedarf. Denn Opa, der beim Arbeiten gerne eine Flasche Rheinwein trank, oder zwei, ließ bald auch die »Käferchen« kollegial aus seinem Glas trinken. Denn es freute ihn, wie sie dabei so putzig wurden. Sie habe, erzählt die Schwiegertochter in einem ihrer Briefe, viel Mühe aufbringen und »allerlei Vorwände erfinden müssen«, um die Kinder diesem »überaus gemütlichen Tun« des Großpapas behutsam zu entziehen.

Wer war der so kinderliebe antiautoritäre Großvater?

Es handelt sich um den Schriftsteller Johann Wolfgang Goethe, der vom 28.8.1749 bis zum 22.3.1832 lebte.

17

Katarrh in Koblenz, Angina in Paris, Typhus in Den Haag, in München Gelenkrheuma. »Er konnte auf keinem Fuß stehen, keine Zehen und keine Knie bewegen.« Das überanstrengte Kind ist nicht mehr als »zarte Haut und kleine Gebeine«. Europa wird ihm zur Landkarte seiner Krankheiten. Seine Zunge war »wie Holz so trocken und unrein und mußte oft gesäubert werden; die Lippen verloren dreimal ihre Haut, die hart und schwarz wurde«. Minutiös notiert der Vater immer wieder die »elenden Umstände«, setzt aber unbeeindruckt das Reiseleben mit dem Kleinen fort. Das Allheilmittel in Vaters Hausapotheke ist »Margrafenpulver«, eine Mischung aus Mistel, Veilchenwurzel, Pfingstrosenwurzel, nach Belieben angereichert mit Blattgold, Elfenbein und Korallen. In Olmütz überlebt der Knabe die Blattern, aus Italien kommt er (so die Schwester) »mit der welschen gelben Farbe zurück, die ihn ganz unkenntlich machte«. Er ist jetzt sechzehn Jahre alt. Nun übernimmt die Mutter das nomadische Dasein. Man läßt sich eine Weile in Mannheim nieder, wo sich der Pubertierende in eine fünfzehnjährige Sängerin verliebt. Wieder »Katarrh, Schnupfen, Kopfweh, Halsweh, Augenweh und Ohrenweh«. Mit dem Roßhändler geht es weiter nach Paris. Mutter und Sohn hausen »wie in Arrest« in einer dunklen Kammer. Bald ist die Mutter so elend, daß sie, bevor der Sohn es richtig bemerkt, ihm unter der Hand wegstirbt. Sein Mädchen in Mannheim ist mittlerweile sehr erfolgreich und will den stellungslosen Klavierspieler nicht mehr. Er wird später ihre Schwester heiraten. Der Vater stirbt tief enttäuscht als einer, der an seinem Lebensziel gescheitert ist.

Der verlorene Sohn arbeitet wie besessen. Der Erfolg hält sich in Grenzen. Das wenigste seiner Sachen wird gedruckt, manches kaum ein dutzendmal aufgeführt. Mangelnde Kratzfüße, kein Sinn fürs Haushalten, dabei ein kindlich heiteres Gemüt. »Psychoinfantilismus« nannten es manche. Mit blaßblauen Augen kurzsichtig, trug er das hellblonde Haar lang, um eine Deformation seiner Ohrmuschel zu verdecken. »Klein, rasch, beweglich und blöden Auges, eine unansehnliche Figur«, beschreibt ihn Ludwig Tieck. Er war rachitisch, und seine Finger waren durch das »unablässige Spielen so gebogen, daß er das Fleisch nicht selbst schneiden konnte«, weiß ein Besucher der Familie. Er stirbt im Bewußtsein, vergiftet worden zu sein; die Nachwelt diskutiert bis heute ratlos dreizehn mögliche Todesursachen.

Wer war der tapfere junge Musiker, der mit Freunden seine eigene Totenmesse sang und beim *Lacrimosa* weinte?

Es handelt sich um den Komponisten Wolfgang Amadeus Mozart, der vom 27.1.1756 bis zum 5.12.1791 lebte.

18

Noch als Hofrat liebte er Aggressionsspiele. Wiederholt traf ihn sein Bruder in der Studierstube an, wie er am Boden hockte, selbstgefertigte Papierhäuschen anzündete und in lustvollem Ernst »niederkartätschte«. Als Jugendlicher hatte er sich mit Kirsch- und Pflaumenkernen vergnügt, die er gegeneinander zu einer Schlachtordnung legte. Besonders prächtige Exemplare bemalte er mit Buchstaben oder Figuren und machte sie so zu Heerführern. Dann nahm er, nach eigener Beschreibung, einen Hammer »und stellte mit zugemachten Augen das blinde Verhängnis vor, indem er den Hammer bald hier-, bald dorthin fallen ließ. Wenn er dann die Augen wieder öffnete, so sah er mit einem geheimen Wohlgefallen die schreckliche Verwüstung.« Das konnte er halbe Tage lang betreiben: »Seine ohnmächtige kindische Rache am Schicksal, das ihn zerstörte, schuf sich auf die Art eine Welt, die er wieder nach Gefallen zerstören konnte.« Als er es für an der Zeit hielt, wählte er eine junge Frau, die er nach seinem Bilde formen wollte. Die Hochzeit war im August; die Scheidung im Dezember. Die junge Gattin war mit einem Liebhaber geflohen. Er aber hatte ihn gestellt! Der Lump war unter ein Faß gekrochen, er hatte die Pistole durch das Spundloch gesteckt und gedroht: »Meine Frau mir herausgegeben, oder ich schieße!« Die Pistole war nicht geladen. Im April heiratete man sich wieder.

Von nun an hielt die Liebe, jedenfalls die wenigen Monate, bis er, von seiner Frau zärtlich gepflegt, an einer Lungenentzündung starb. Sie folgte ihm nach; sie hatte sich angesteckt.

Hundert Jahre vor der Individualpsychologie hatte er eine Studie über den Minderwertigkeitskomplex geschrieben. Sie war autobiographisch. Er war der Herausgeber der ersten psychologischen Zeitschrift in deutscher Sprache. Zu seinen Vorlesungen, in denen er unter anderem eine Theorie des Ornaments entwickelte, kamen Tieck, Wackenroder, Alexander von Humboldt.

Wer war der Erfinder des Wortes »Selbstzutrauen«, in dem Goethe einen Bruder erkannte: er sei »von derselben Art, nur da vom Schicksal verwahrlost und beschädigt, wo ich begünstigt und vorgezogen bin«?

Es handelt sich um den Schriftsteller Karl Philipp Moritz, der vom 15.9.1756 bis zum 26.6.1793 lebte.

19

Ehemalige Mitschüler können böse sein. Ein »nach Tabak und allerhand stinkendes Loch« sei sein Zimmer gewesen, bescheinigt der eine, und ein anderer erinnert sich an den exzessiven Tabakschnupfer, der, »hatte er bisweilen keinen in seiner Dose, seine Nasennerven mit Staub kitzelte«. Den wird es gegeben haben zwischen den »ganzen Ballen« seines ersten Dramas in der einen Ecke und »Haufen Kartoffeln mit leeren Tellern, Bouteillen« in der anderen. Ein späterer Interpret meint gar, Übelriechendes in seinem Stil finden zu können. Die Leidenschaft seiner Stücke sei zwar »vollkommen echt«, habe aber etwas »nicht ganz Frisches, einen ›Stich‹, den befremdenden und zugleich verführerischen Hautgout des Morbiden und Konservierten«. Ein anderer sagt schlicht, daß sein ganzes Frühwerk »ungelüftet« sei.

Auch ein späterer Kollege bescheinigt ihm gewisse olfaktorische Eigentümlichkeiten. Als er ihn einmal besuchen wollte, aber auf ihn warten mußte, setzte er sich an seinen Schreibtisch, um »dieses und jenes zu notieren«, wobei er sich aber bald »von einem heimlichen Übelbefinden überschlichen fühlte, welches sich nach und nach steigerte«, so daß er endlich einer Ohnmacht nahe war. »Ich wußte anfänglich nicht, welcher Ursache ich diesen elenden, mir ganz ungewöhnlichen Zustand zuschreiben sollte, bis ich endlich bemerkte, daß aus einer Schieblade neben mir ein sehr fataler Geruch strömte. Als ich sie öffnete, fand ich zu meinem Erstaunen, daß sie voll fauler Äpfel war.« Er geht ans Fenster und kommt an der frischen Luft wieder zu sich. Von der Frau des Kollegen erfährt er, »daß die Schieblade immer mit faulen Äpfeln gefüllt sein müsse, indem dieser Geruch ihm wohl tue und er ohne ihn nicht leben und arbeiten könne«. Er war der Sohn eines über die Landesgrenzen hinaus bekannten Apfelwissenschaftlers und hatte, zusammen mit seinem Vater, nicht nur die Flugschrift *Baumzucht im Großen* verfaßt, sondern auch eine Anleitung zum systematischen Obstbau, *Die Baumzucht im Großen aus Zwanzigjährigen Erfahrungen im Kleinen in Rücksicht auf ihre Behandlung, Kosten, Nutzen und Ertrag.*

Wer war es, der immer wieder die »Betäubung durch Aepfeldunst« suchte und dabei den Gärungen der Kindheit nachschnupperte?

Es handelt sich um den Schriftsteller Friedrich Schiller, der vom 10.11.1759 bis zum 9.5.1805 lebte.

20

Als dem Sechsunddreißigjährigen von der Frau seines Hauswirts ein Sohn geboren wird, verbesserte dies seine finanzielle Lage nicht gerade. Schon wenige Monate zuvor hatte ein Freund für ihn eine Bürgschaft übernehmen müssen: Gegenüber dem Verlag hatte der Gute generös versichert, er würde die ganze geplante Auflage von 750 Stück zu je zwölf Gulden kaufen, falls der säumige Autor das Manuskript nicht bis zum vereinbarten Zeitpunkt abgeliefert hätte. Daraufhin bezahlte der Verlag den überlebensnotwendigen Vorschuß. Das damals so schnöde verhandelte Manuskript sollte bald zu den wichtigsten Schriften europäischer Kultur gehören. Doch der kommende Ruhm warf noch keine Schatten voraus. Jetzt galt es, das unselige Knäblein zu nähren, und wieder wußte der Freund Rat und vermittelte einen Redaktionsposten bei einer Lokalzeitung. Der Autor als Held des Alltags nimmt tapfer an: »Das Geschäft selbst wird mich interessieren, da ich, wie Sie selbst wissen, die Weltbegebenheiten verfolge.« Nur hatte er sich das nicht ganz so vorgestellt. Bald ist vom »Zeitungsjoch« die Rede, auch von der »Zeitungsgaleere«, und dann kommt die tiefe Erkenntnis: »Diese Arbeit kann nicht als ein solides Etablissement angesehen werden.« Den Kommentar des Freundes kennen wir nicht. Jedenfalls bemüht er sich, eine Direktorenstelle an einem Gymnasium zu organisieren.

Dort geht es etwas besser weiter. Doch die äußeren Verhältnisse bereiten Verdruß. Es gibt keinen Hausmeister, keinen Sekretär, keinen Haushalt für Schreibmaterialien, mit Müh und Not bekommt er Geld zum »Weißnen«, allerdings nur für die Schulräume, er lebt in einer Amtswohnung, die fünfzig Jahre nicht gestrichen worden ist. Das Gymnasium verfügt auch nicht über Toiletten, so daß die Schüler in den benachbarten Häusern fragen müssen. Dessen ungeachtet, oder auch beflügelt von dieser Misere, erhebt sich der Pädagoge zu bilderreichem Unterricht. Er hält Vorlesungen über die Phänomene des Wahns. Was also ist »krankhafte Einbildung«? Die Schüler werden es sofort verstanden haben: »Jemand glaubt, wenn er pisse, eine ganze Stadt zu überschwemmen; ein anderer, er sei ein Gerstenkorn und die Hühner würden ihn fressen; ein dritter, er habe Füße von Glas, ein Glöckchen im Leibe und so fort.«

Wer war der unerschütterliche »Professor der Professoren«, der hart und folgenreich an den Fortschritt glaubte: »Die Weltgeschichte ist nicht der Boden des Glücks. Die Perioden des Glücks sind leere Blätter in ihr«?

Es handelt sich um den Philosophen Georg Wilhelm Friedrich Hegel, der vom 27.8.1770 bis zum 14.11.1831 lebte.

21

Cherubini nannte ihn einen »ungeleckten Bären«, Goethe sprach von ihm als einer »ganz ungebändigten Persönlichkeit«, Grillparzer, der ihn verehrte, konnte nicht umhin zu erwähnen, daß er zumindest im Alter »höchst nachlässig, ja unreinlich gekleidet« gewesen sei. Schweigen wir von dem roten, pockennarbigen Gesicht des untersetzten Mannes, seinen buschigen Augenbrauen über den wilden Augen, den behaarten Händen mit den kurzen dicken Fingern. Nicht selten wurde er für einen Clochard gehalten. Bettina von Arnim beschrieb seine Wohnverhältnisse so: »Seine Wohnung ist ganz merkwürdig. Im ersten Zimmer zwei bis drei Flügel, alle ohne Beine auf der Erde liegend, Koffer, worin seine Sachen, ein Stuhl mit drei Beinen, im zweiten Zimmer sein Bett, welches winters wie sommers aus einem Strohsack und dünner Decke besteht, ein Waschbecken auf einem Tannentisch, die Nachtkleider liegen auf dem Boden.« Seine Besucher waren darauf gefaßt, daß er umstandslos seinen Auswurf in die Hand zielte. Mitunter zog er auch »sein buntes Schnupftuch heraus, räusperte sich und spuckte einen Fladen darauf, den er einige Zeit betrachtete, bevor er das Schnupftuch wieder zusammenlegte und in die Tasche schob«. Seine weißen Zähne polierte er mit einer Serviette.

Er spielte Klavier für Geld. Und klagte über die »knechtische Arbeit«. Man zwinge ihn zum Auftreten, »wenn auch das Blut unter den Nägeln ihm brenne«. Zunehmend wurde er unzugänglicher. Sollte er sich als Virtuose vor Gesellschaft produzieren, bat er sich ein eigenes Zimmer aus, und es wird erzählt, daß er, als einmal ein Besucher durch den Türspalt nur einen Blick auf ihn zu erhaschen suchte, seinen Hut nahm und davonging, »ohne sich durch Zureden oder Bitten aufhalten zu lassen«. Seine Wutausbrüche waren berühmt. Er prügelte und warf mit Tintenfässern, zum wenigsten. Mit einem erhobenen Stuhl konnte er auf seinen Mäzen losgehen, nur weil der ihn dringend gebeten hatte, vor einer Gruppe von Offizieren zu spielen. Seine Urteilsfähigkeit kannte keine Grenzen: Den geliebten Neffen nannte er einen »Hurenfettlümmel und Bastard«, den Kaiser Franz einen »Schurken«, der an den Galgen gehöre. Meist blieb die Polizei langmütig; er galt als nicht ganz normal. Er selbst wußte durchaus, wie die andern ihn sahen, meinte aber, sie übertrieben: »Mir entfällt manchmal ein herzliches freies Wort; dafür hält man mich für toll.«

Wer war der Musiker, von dem Ernst Bloch als dem »größten Erwählten des dynamischen, luziferischen Geistes« sprach?

Es handelt sich um den Komponisten Ludwig van Beethoven, der vom 17.12.1770 bis zum 26.3.1827 lebte.

22

Seinen Geburtstag hat er gerne um einen Tag vordatiert, dann war er nämlich am 8. September, dem Tag der Gottesmutter, geboren. Seine erste Veröffentlichung zeichnete er mit »Maria«. Schwer zu sagen, was die christliche, was die leibliche Mutter, was all die Frauen ihm waren, an denen er in wilder Abhängigkeit hing. Erotik und Mutterliebe schienen ihn in einem doppelten Kreislauf zu beleben. »Lange«, schreibt er seiner ersten Frau nach einem ehelichen Zerwürfnis, »lange habe ich nicht die innige zaubernde Begierde nach Dir empfunden, die so wie Muttermilch um das Herz leppert.« An jedem Busen bleibt er das »unmündige Kind«, das allerdings bis zur Raserei lieben kann. »Sie ist eine Epilepsie, die ich habe«, formuliert er über seine zweite Gattin. Einer anderen Angebeteten gesteht er: »Es ist mir, als wäre meine Brust ein Badezuber und Deine Füße stünden badend und plätschernd in meinem Herzen und Du sagst: endlich krieg ich warme Füße.« Vielleicht hat er die Trennung vom Mutterleib emotional nie vollzogen. Und in religiöser Überhöhung waren Mutter, Maria und seine Kinderseele eine hochpoetische Dreieinigkeit.

Er ist ein Mann von vierzig Jahren, als er aufs Ganze geht. Sein Bruder hat ihm von einer stigmatisierten Nonne berichtet, vier Jahre älter als er, die in biblischen Visionen spricht. Er reist zu ihr und erkennt in ihr sein Lebensprojekt. An ihrem Bett ist er »Schreiber« und »Pilger«. Aus ihren gestammelten Erleuchtungen kann er das Leben Jesu neu nacherzählen. Über ihren Wunden entfaltet er eine Palästinakarte und korrigiert die Orte des Neuen Testaments. Später rechnet er die Daten der Visionen in den althebräischen Kalender um. Er nimmt ihre blutigen Tücher und Binden mit, kratzt den getrockneten Eiter und Schorf von ihrem Körper und beginnt für einen Reliquienkoffer zu sammeln. Er verfertigt Zeichnungen ihrer nässenden Wundmale. Die Pfleger wehrt er ab: Sie brauche keine Kühlung mit Essigwasser, sie brauche die Fülle des Leidens, aus denen er die Geschichte Jesu schöpfe. Die Freunde schütteln den Kopf. Auf einmal findet er Literatur frivol und verkauft seine Bibliothek. In missionarischem Eifer schiebt er der Nonne das Sterbekissen seiner ersten Frau unter, damit sie für Luise, die derzeitige Dame seines Herzens, bete. Als die Nonne stirbt, reicht er das blutige Totenkissen mit einer Gebrauchsanweisung an Luise weiter: »Hier mein liebes Linum!« Sie soll ein Kreuz darauf sticken samt der Todesstunde: »Dann mache dir einen Überzug darüber und schlaf und stirb drauf.« Auf sein Geheiß hin läßt Luise die Nonne fünf Wochen nach deren Tod heimlich exhumieren. Luise schreibt ihm ein Protokoll; sie fand keinen unsterblichen Leib.

Wer war der bahnbrechende romantische Dichter, der mit der anonym veröffentlichten Erbauungsschrift *Bittere Leiden unseres Herrn Jesu Christi,* verfaßt nach den Visionen der Nonne, zu Lebzeiten seinen größten Erfolg hatte?

Es handelt sich um den Schriftsteller Clemens Brentano, der vom 8.9.1778 bis zum 28.7.1842 lebte.

23

Sein ganzes Leben lang war ihm kalt. Mitten im Hochsommer konnte man ihn sehen, wie er eingehüllt in einen dicken Pelz in der Postkutsche saß, hustend, ein unwahrscheinlich magerer Mann mit Hakennase, der ab dreißig Jahren aussah wie ein ausgemergelter Greis. »Wenn er in die Nähe des Kamins kommt«, schrieb ein Freund, »fürchte ich immer, daß er in Flammen aufgeht, deshalb muß immer ein Eimer Wasser in Reichweite sein.« Sein Blick war stechend, seine herabfallenden schwarzen Locken rahmten die gelblichen Wangen, Zuckungen wie Fieberschauer schüttelten seine Gestalt. Ob er letztlich an Lungentuberkulose litt oder an Syphilis, war zu Lebzeiten umstritten; vermutlich hatte er beides. Spätestens nach Vollendung seines vierzigsten Lebensjahres war er ein ständiger Patient. Die Hustenanfälle steigerten sich, sein Hals blieb entzündet. Verschiedene Ärzte versuchten es mit allen erdenklichen Mitteln: Eselsmilch, Wolfsmilch, Quecksilber und Opium, mal mit, mal ohne Wein, sie verschrieben Aderlässe und Kalbsknochen, Schlammbäder und das berüchtigte »Elixier de Roi«, ein Abführmittel, das er, da er an seine reinigende Wirkung glaubte, fatalerweise im Übermaß schluckte. Nachdem ihm wegen eines Unterkieferabszesses in zwei Sitzungen sämtliche unteren Zähne gezogen wurden, stellte er das Lachen ein. Heine erkannte in ihm »unauslöschliche Zeichen von

Kummer, Genie und Hölle«, Goethe glaubte eine »Flammen- und Wolkensäule« gesehen zu haben, ein Kritiker fand, er gleiche »Rembrandts vom Tode erwecktem Lazarus«. Die Scharen des faszinierten Publikums vermuteten Schlimmeres. Ein Bekannter unterrichtete ihn, er gelte »für einen zweiten Blaubart«, er müßte seine »Frau totgeschlagen haben«, sonst könne er »nicht so melancholisch aussehen«. Der Tod einer frühen Geliebten hing ihm nach; mitunter machte er von sich reden, weil er Minderjährige entführte. Er sei ein »wilder Menschenfresser, ein Frauenmörder, ein freigelassener Galeerensträfling«, resümierte Berlioz, um gleich fortzufahren, daß dieser Mann nach einem seiner Konzerte »heiße Tränen« vergoß und ihn dankend umarmte, weil Berlioz, wie er schluchzte, »die gewaltige Kunst Beethovens fortgeführt« habe. Er mußte es wissen. Franz Liszt formulierte in seinem Nachruf: »Man munkelte, daß er seine Seele dem Bösen verschrieben und daß jene vierte Saite, der er so zauberische Weisen entlockte, der Darm seines Weibes sei, das er eigenhändig erwürgt habe.«

Wer war der musikalische Magier, der mit achtundfünfzig Jahren in den Armen seines einzigen, engelsgleichen Sohnes starb, den er der Mutter, kaum war er entwöhnt, abgekauft hatte?

Es handelt sich um den Violinenvirtuosen und Komponisten Niccolò Paganini, der vom 27.10.1782 bis zum 27.5.1840 lebte.

24

Manchmal ging sie zu weit und bezahlte dafür. Pausen in einer Freundschaft seien so notwendig wie Pausen in der Musik, antwortete Goethe ihrem um Wohlwollen bittenden Mann. Sie, klein, zierlich, mit riesigen Augen, hatte die Frau Geheimrat (weniger zierlich) öffentlich als »wild gewordene Blutwurst« beschimpft. Das war einige Jahre her, wetterleuchtete aber nach. Dabei hatte Christiane von Goethe angefangen, damals im September 1811 in der Weimarer Kunstausstellung, und ihr, mit dem Schirm fuchtelnd, die Brille von der Nase geschlagen, daß sie zu Boden fiel und zerbrach. Sie aber hatte doch nur ein wenig vor den Bildern gelästert! Der Weimarer Gesellschaftsskandal jedenfalls war perfekt, und das frisch verheiratete Künstlerpaar auf sich zurückgeworfen. Sie galt als »Kobold«, als erotisches »Schwefelhölzchen«, jetzt wurde sie Mutter. Das erste Kind hieß Freimund, das nächste (im Jahr darauf) Siegmund, das dritte (sechzehn Monate später) Friedmund, und das vierte (nach weiteren zwei Jahren) Kühnemund. Damit waren das alte Germanentum und die deutschen Befreiungskriege genug gewürdigt. Doch schon bald schreibt der entnervte Vater an seine alleinerziehende Gattin in Berlin: »... aber jene Neujahrsnacht war uns gefährlich und segensreich«. Den folgenden Segen nannten sie Maximiliane, Armgart und Gisela. Die gute Mutter liebte ihre Kinder, erzog sie in

Abwesenheit des Vaters theoretisch antiautoritär und konnte sie praktisch bis aufs Blut prügeln – worauf der Katzenjammer ausbrach. Sie liebte die Harmonie und war chaotisch. Sie sehnte sich nach ihrem Schriftsteller-Mann und schrieb anderen Liebesbriefe. Sie lebte rücksichtslos narzißtisch und opferte sich mit sicherem medizinischem Instinkt während der Choleraepidemie auf. Ihre gezeichneten Entwürfe zu einem Goethedenkmal machten sie unverhofft berühmt zu einer Zeit, da ihr Mann als Gutsverwalter und Bauer in der inneren Emigration vertrocknete.

Wer war das romantische Enfant terrible, der gesellschaftlich unmögliche Mittelpunkt jeder Gesellschaft, den Rahel Varnhagen in einem Imperativ so beschrieb: »Häufen Sie Widersprüche auf Widersprüche berghoch, überschütten Sie alles mit Blumen, lassen Sie Funken und Blitze herausleuchten und nennen Sie das …«?

Es handelt sich um die Schriftstellerin Bettina von Arnim, die vom 4.4.1785 bis zum 20.1.1859 lebte.

25

Das sei wohl etwas für Apotheker, kommentierte die Mutter seine Dissertation. Er konterte: »Man wird sie noch lesen, wenn von Deinen Schriften kaum mehr ein Exemplar in einer Rumpelkammer steckt.« Darauf die Mutter: »Von den Deinigen wird die ganze Auflage noch zu haben sein.« Beide sollten recht behalten. In ihrem letzten Lebensjahrzehnt galt die Mutter als die berühmteste Schriftstellerin Deutschlands. Ihr zwanzig Bände umfassendes Gesamtwerk kam bei Brockhaus heraus, der auch die Bücher des Sohnes verlegte. Dessen Haupttitel hatte sich jedoch als Totalausfall erwiesen. Fünfundzwanzig Jahre später erschien das Buch ergänzt und überarbeitet; freilich ohne daß der Autor mit einem Honorar zu rechnen hatte.

Im Alter lebte er zunehmend ritualisiert. Er schrieb nur in den drei frühen Morgenstunden. Mehr könne einem Gehirn nicht zugemutet werden, ohne daß die Gedanken matt würden und der Stil verkomme. Danach spielte er eine Stunde hingebungsvoll die Flöte. Das folgende Mittagsmahl nahm er in den ersten Gasthäusern der Stadt ein, im Alter vornehmlich im Englischen Hof. Beim Essen wollte er ungestört sein. Genüßlich löffelte er die fetten Soßen, aß oft auch zwei Portionen. Wenn der zarte Herr mit »lichtem, meist vergnügt vor sich umschauendem, ungemein verständigem, blaugesterntem Auge« aber beim

Kaffee angekommen war, akzeptierte er Gespräche, sei es mit Zufallsbekanntschaften, sei es mit Verehrern, die ihn gezielt aufsuchten. Das konnte bis gegen siebzehn Uhr gehen. Er plauderte gerne und wußte oft Nützliches. So müsse man nur eine Portion Chlorkalk in einem Glas Wasser auflösen: dahinein den Penis getunkt, schütze vor allerlei Ansteckungen.

Sein täglicher Spaziergang gehörte seinen Selbstgesprächen und seinem Pudel. Abends daheim, wenn er las, ruhte der braune Butz auf einem schwarzen Bärenfell. Der Kopf seines weißen Vorgängers wachte als Gipsbüste mit herabhängenden Ohren über der Zimmertür. So ein Hund habe eine »Intelligenz ohne menschliche Verstellung«, er sei »durchsichtig wie Glas«. Noch im Jahr vor seinem Tod zog er wegen seines Pudels um.

Wer war der Autor, der ungeachtet aller Beeinträchtigungen niemals ohne einen Hund leben wollte, den er auch »Atman« – Weltseele – titulierte und den er, nur wenn er ernstlich böse mit ihm war, als »du Mensch!« beschimpfte?

Es handelt sich um den Philosophen Arthur Schopenhauer, der vom 22.2.1788 bis zum 21.9.1860 lebte.

26

Wilhelm Grimm träumte sie als Hexe: »Sie war ganz in dunkle Purpurflammen gekleidet und zog sich einzelne Haare aus und warf sie in die Luft nach mir; sie verwandelten sich in Pfeile und hätten mich leicht blind machen können.« Damit sagte er vielleicht mehr, als er wollte. Denn die Kleine war zwar gut genug, den Brüdern beim Märchensammeln zu helfen, für die eigenen literarischen Versuche der Sechzehnjährigen aber gab es nur Spott. Wer weiß, ob sie sich tatsächlich vor einer Blendung durch das eigenwillige Mädchen fürchteten? Die Dichterin erinnert sich noch kurz vor ihrem Tod daran, wie sie sich damals »um den Beifall der Löwen bemühen mußte«. Sie war kränklich und schrieb. Als sie ihre ersten Gedichte (Auflage 500 Stück) veröffentlichte, reagierte die Familie entgeistert. »Plunder« sei das, »unverständlich, konfus«, man verstehe nicht, wie sich eine intelligente Frau so habe »blamieren können«. Auch wenn einige Freunde Zuspruch spendeten, blieb die Resonanz dürftig; die überregionale Presse sprach von »unreifem Dilettantism«. Damals war die Autorin einundvierzig Jahre alt. Sie hat vierundsiebzig Exemplare der »Gedichte« verkauft.

Im literarischen Zirkel der »Heckenschriftstellergesellschaft« lernt sie einen dreiundzwanzigjährigen jungen Mann näher kennen, der zwar nur »mittelmäßig schreiben kann«, dessen literarisches Urteil sie aber interessiert.

Die Gefühle für ihn beschreibt sie als »mütterlich«. Bald verbringt man einen gemeinsamen Winter am anderen Ende Deutschlands. Er, der bereits ihren ersten Gedichtband im *Telegraph* positiv rezensierte, überredet sie, sich ganz ihrer lyrischen Begabung zu widmen. Sie genießt die langen Spaziergänge mit ihm, die Leseabende, das Beisammensein. Er provoziert sie zu einer Wette, und sie liest ihm schon am Abend ein in wenigen Stunden geschriebenes Gedicht vor. Nun entstehen Verse in atemberaubendem Tempo. Viele sind aus der Perspektive der reifen, kranken Frau an den Jüngling gerichtet. Als die gemeinsamen Monate vorbei sind, schreibt sie ihm: »Mein Talent steigt und stirbt mit Deiner Liebe, was ich werde, werde ich durch Dich und um Deinetwillen.« Und noch im folgenden Jahr bekennt sie ihm: »Säße mein liebstes Kind mir noch gegenüber, ich würde wieder zwei Gedichte täglich machen.« Die Gedichte wurden ein großer Erfolg. Doch ihr »liebstes Kind« war endgültig ein Mann geworden; von seiner Hochzeit erfährt sie erst vier Wochen später. Bei einem Besuch des glücklichen Paars erträgt sie seine Gattin nicht: »Sie singt so laut und so falsch.« Sie kränkelt zunehmend und wird nach der Trennung nur noch zwei Jahre leben. Er wird sich treu um die Herausgabe ihres Werkes kümmern.

Wer war die rückhaltlose Dichterin, die sagte: »Ich mag und will jetzt nicht berühmt werden, aber nach hundert Jahren möcht ich gelesen werden«?

Es handelt sich um die Schriftstellerin Annette von Droste-Hülshoff, die vom 10.1.1797 bis zum 24.5.1848 lebte.

27

Er nannte sich einen der ersten Männer des Jahrhunderts, geboren in der Neujahrsnacht 1800. Daß das nicht stimmte, war ein Irrtum der Wirklichkeit. Er mußte eben ein wenig korrigieren. Als er zum Protestantismus konvertierte, sagte er: »Ich habe mich getauft.« Er deutete aber auch an, daß er es nicht abgelehnt hätte, zum Papst ernannt zu werden. Dank seiner Begabung, Mäzene zu gewinnen, konnte er über seine Verhältnisse leben und lieben. Und klagen. Er war empfindlich, kränklich und stark. Aus seinen Räumen entfernte er die Uhren, weil er ihr Ticken oder Pendelschlagen nicht ertrug. Immer wohnte er in möblierten Zimmern. Vielleicht wollte er sich nicht belasten. Grillparzer, der ihn einmal besuchte, war etwas erstaunt darüber, daß seine Bibliothek aus einem einzigen »geliehenen Buch« bestand. Nun gut, seine eigenen Bücher wurden auch nicht gekauft. Er war bekannt, ja, er war berühmt, aber nicht eigentlich erfolgreich. Man schätzte seine Verse, die er als »in Honig getauchten Schmerz« bezeichnete. Als er mit siebenunddreißig Jahren in Paris eine Schuhverkäuferin kennenlernte, eine Analphabetin, die ihre Kindheit als Hütemädchen auf dem Land verbracht hatte, traf ihn noch einmal die Liebe. Sie hieß Crescentia, ein Name, der ihn im Hals kratzte. So schuf er sie neu mit einem neuen Namen. Jedenfalls stellte er sich das so vor. Er schickte sie in eine Bildungsanstalt. Doch sie zeigte keinerlei Neigung, sich bilden zu lassen. Also nahm er sie, wie sie war: sehr dick, sehr schön, ziemlich schlampig, launisch und jauchzend verschwenderisch mit seinem Geld und ihren Reizen. Sie war sein Hausvulkan. Wenn sie wütend war, biß sie in Wassergläser, daß es splitterte und er ihr die Scherben aus dem Mund ziehen mußte. Sie liebte ihren Papagei, was ihn so eifersüchtig machte, daß er ihn vergiftete. Dann kaufte er ihr einen neuen. Manchmal prügelten sie sich. Jedenfalls war Tag und Nacht etwas los. Opportunistisch knirschte er gegenüber einer befreundeten Prinzessin: »Ich habe mein göttliches Wesen vergessen, meine Göttlichkeit kompromittiert.« Dann wieder lenkte er vorsichtig ein: »Sie hat einen schwachen Kopf, aber ein ganz vortreffliches Herz.« Auch sie war übrigens nicht davon überzeugt, daß seine Qualitäten im Geistigen liegen würden: er sei ein sehr guter Junge, ein liebes Kind, aber was den Esprit angehe, davon habe er nicht allzuviel. Im Grunde gefiel ihm diese Einschätzung seiner Liebsten; sie waren einander köstlich fremd. Vermutlich blieb ihre schwierige Ehe deshalb bis zum Ende ein zitterndes Glück.

Wer war der Autor, von dem Nietzsche emphatisch sagte: »Er besaß jene göttliche Bosheit, ohne die ich mir das Vollkommene nicht zu denken vermag«?

Es handelt sich um den Schriftsteller Heinrich Heine, der vom 13.12.1797 bis zum 17.2.1856 lebte.

28

Später sollte er gegenüber einem Freund von seiner »krankhaften Ängstlichkeit und jener Vis inertiae« sprechen, der Kraft des Untüchtigen. Der Freund verstand. Andere machte der Schwache mit seinen obskuren Müdigkeiten und Krankheiten nervös. Für sie blieb er schlicht ein Hypochonder und ein »faules Luder«. Dabei war es vielleicht weniger Arbeitsscheu, die ihn zurückhaltend sein ließ, als ein existentielles Zögern vor der Welt. Und da halfen ihm »allgemeine Nervenschwächen« oder »Blutdrang«, dann wieder ein »Rückenmarks-Schlaganfall«, der mit Quecksilber kuriert wurde, oder Kreislaufstörungen, gegen die es Elektroschocks oder Galvanisationen gab. Kaum hatte er eine Arbeit, brauchte er eine Kur. Und er genoß die Wasser gegen Hämorrhoidalleiden, Krankheiten der Drüsen oder »erhöhte Venosität des Unterleibs«. Er wurde ein ewiger Patient, sein Lebensmotto hieß: Nur nichts forcieren!

Das Schulkind war als Träumer aufgefallen, der Student blieb uninteressiert. Man schenkte dem Halbwaisen einen Gnadenabschluß; eigentlich war er durchs Examen gefallen. Mit gerade vierzig Jahren ließ er sich dann pensionieren. Der Pfarrdienst in einer Sechshundert-Seelen-Gemeinde hatte ihn überfordert. Sich das Wort für die Kanzel auszudenken war eine Zumutung. Sein rücksichtsvoller Freund würde das verstehen, so erbat er sich mit erstaunlicher Offenheit »für die Sonntage von Ostern an ein Dutzend Deiner Predigten«. Auch sonst wollte er sich nicht so recht einlassen auf das, was er tat. Mit der Frau, die er letztlich heiratete, verband ihn eine immerhin sechseinhalbjährige wilde Lebensgemeinschaft, er hatte sie in den Haushalt zu sich und seiner Schwester genommen. Als der gut Fünfzigjährige diese Menage à trois vor dem Traualtar zu klären gedachte, soll ihn an der Pforte doch das Bangen gepackt haben, und seine Braut hörte ihn stocken: »Du, ich will es doch lieber bleiben lassen.« Es kam zur Trauung, es kam zu zwei Töchtern. Doch die Ehe scheiterte schauerlich. Seine eigentliche Begabung spürte er – und kam auch ihr in den letzten neunzehn Lebensjahren kaum mehr nach.

Wie heißt der abgründig sichere Stilist, der gegen den Schaffensdrang seiner Kollegen wetterte: »Es ist doch wahrlich zum Erschrecken, was alles wirklich schreibt und dichtet! So arg war doch die Affenschande mit dem Musendienst in Kammern und Unzucht noch zu keiner Zeit!«?

Es handelt sich um den Schriftsteller Eduard Mörike, der vom 8.9.1804 bis zum 4.6.1875 lebte.

29

Die drei berühmtesten Ärzte von der ganzen Insel haben mich untersucht; der eine beschnupperte, was ich ausspuckte, der zweite klopfte dort, von wo ich spuckte, der dritte befühlte und horchte, wie ich spuckte. Der eine sagte, ich sei krepiert, der zweite meinte, daß ich krepiere, der dritte, daß ich krepieren werde.«

Er wußte, wie seine Schwester gestorben war, und fand es unnötig, sich etwas vorzumachen. Immerhin sollte er nach diesen mißratenen Winterferien noch zehn Jahre leben, acht Jahre davon in Verbundenheit mit jener Frau, wegen der er zu diesem Ort aufgebrochen war. Seine Erscheinung war von exquisiter Empfindlichkeit. Bei einer Körpergröße von einem Meter siebzig wog er nie mehr als neunundsiebzig Pfund. Die regennasse Insel habe man damals übrigens auf einem Schaufeldampfer verlassen, weiß die Geliebte, in »Gesellschaft von hundert Schweinen, die ständig schrien und deren Gestank die Luft derartig verpestete, daß der Kranke keine Ruhe und nicht einmal Luft zum Atmen hatte«. Dies hielt die empörte Begleiterin allerdings nicht davon ab, in Gegenwart des Hustenden und Blutspuckenden zu rauchen. Sie liebte den Sensiblen, auch wenn er ihr vielleicht manchmal zu empfindsam war: »Er verachtet die Realität des Fleisches. Er sagt, gewisse Dinge könnten die Erinnerung trüben.« Er konnte skandalös leise sein. Seine Interpretationen galten manchen als Affront. In London lehnte er ein Orchesterkonzert ab, denn »das Orchester ist wie ihr Roastbeef oder die Schildkrötensuppe, stark, dickflüssig, aber nur das«. Den Einladungen in bessere Salons kam er eher nach. Diese mitgerechnet ist er nicht mehr als fünfzigmal aufgetreten.

Sein Geld verdiente er mühsam mit Unterrichten, lebte auch immer wieder als Gast der Geliebten, deren ungeheure Produktivität Zeitgenossen profan zusammenfaßten: »Das Schreiben ist bei ihr eine Verrichtung wie das Verdauen.« Er hingegen, betonte sie theatralisch in ihren Memoiren, sei nur höchst quälend vorangekommen: »Tagelang schloß er sich ein, ging im Zimmer auf und nieder, weinte, zerstampfte seine Federn, wiederholte und veränderte einen Takt wohl hundertmal, schrieb ihn nieder und strich ihn wieder aus, um am folgenden Tag mit gleicher Beharrlichkeit sein peinliches, verzweiflungsvolles Werk fortzusetzen.« So habe er oft viele Wochen über einer Seite verbracht, »um sie endlich wieder so zu schreiben, wie sie im ersten Entwurf gewesen war«.

Wer war der »Tondichter«, der die Ausdrucksmöglichkeit seines Instruments revolutionierte und sich auf dem Totenbett noch wünschte, daß eine alte Freundin ihm ein Veilchenlied sang?

Es handelt sich um den Komponisten Frédéric Chopin, der vom 22.2.1810 bis zum 17.10.1849 lebte.

30

Vermutlich war er einmal der berühmteste Mann Europas. Dabei hatten seine Eltern für den Dreijährigen schon einen Sarg zimmern lassen. Sie meinten, das Kind sei dem Fieber erlegen. Später sollte sich die Presse ähnlich täuschen. Als im *Etoile* die Nachricht erschien, er sei in Paris gestorben, lebte der Siebzehnjährige durchaus noch. Allerdings melancholisch verschattet. Eine unglückliche Liebe hatte ihn in eine religiöse Krise gestürzt, so daß er es eine Weile vermied, sich der Öffentlichkeit auszusetzen. Seinem dringenden Wunsch, Priester zu werden, war der Vater mit dem Satz begegnet, er gehöre der Kunst, nicht der Kirche. Erst Mitte Fünfzig wird er in Rom die niederen Weihen erhalten und fortan als Abbé in der Soutane leben. Von frühester Jugend an schrieb er auf seine Arbeitsbücher einen Satz von Chateaubriand: »Ein geheimes Gefühl foltert mich.« Schwer zu sagen, was er damit meinte. Sein sterbender Vater jedenfalls warnte ihn vor den Frauen. Worauf der Jüngling seinen Beichtvater konsultierte, um sich die Gebote vom Ehebruch und dem Begehren des Weibes des Nächsten erklären zu lassen – damit er sie nicht etwa in Unkenntnis übertrete.

Wie viele Mätressen er letztlich an seinen jeweiligen Aufenthaltsorten von Odessa bis Wien, von Paris bis Weimar, von Rom bis Budapest hatte, ist kaum auszumachen. Seine wohl größte Liebe, eine verheiratete Frau, die seinetwegen den Mann verließ und von dem engelsgleichen Jüngling drei uneheliche Kinder bekam, nennt ihn später einen »Don Juan parvenu«. Seine vielleicht zweitgrößte Liebe (auch sie verließ für ihn den Gatten) initiierte – um seine Amouren wissend – eine symbiotische Liebesreligion. Geduldig hockte sie neben ihm im Zimmer, während er arbeitete, und wachte darüber, daß er nicht trödelte; die Familienkapelle ließ sie mit nur zwei Betstühlen möblieren, damit beide in intimer Zweisamkeit knieten. Weilte sie zur Kur, er auf Reisen, waren ihm die täglichen Liebesbriefe Pflicht. Er gehorchte, nur leise stöhnend. Beide Hauptfrauen waren Autorinnen und verfaßten für ihn hingebungsvoll Texte, die er unter seinem Namen veröffentlichte und die in seinen immensen literarischen Nachlaß eingingen. Bis ins hohe Alter umgab den schönen Verführer, der zwischen Buße und Lust kämpfte, der Zauber einer wundersamen Ausstrahlung.

Wer war der musikalische Nomade, der, wohin er auch reiste, immer ein Brevier, Goethes *Faust* und eine Dante-Ausgabe mit sich führte und der gut zehn Jahre vor Wagner in dem Lied »Ich möchte hingehen« die Tristan-Harmonien vorweggenommen hat?

Es handelt sich um den Komponisten Franz Liszt, der vom 22.10.1811 bis zum 31.7.1886 lebte.

31

Seine erste und vermutlich einzige sexuelle Erfahrung mit einer Frau machte er in einem Bordell. Das Tagebuch vermerkt in äußerster Verknappung. »Mein Gott, mein Gott (...). Dies tierische Kichern.« Auf den Schrecken war die panische Flucht gefolgt, was die Damen nicht gerade höflich kommentierten. Dabei war er tapfer ausgezogen, »die Welt durch die Sünde kennenzulernen«. Irgendwie blieb er, solange er nur darüber sprach, überzeugender. Das Vermächtnis des tiefreligiösen Vaters war stärker als sein Wille zur Orgie. Denn der Vater hatte gefehlt. Und er und seine sechs Geschwister waren das Ergebnis der »Sünde« mit einer Dienstmagd, die der Vater dann bereits ein Jahr nach dem Tod seiner ersten Frau heiraten mußte. Schon vier Monate nach der Trauung wurde ein Töchterchen geboren. Daß fünf der folgenden Kinder samt der Mutter früh starben, muß die Strafe Gottes gewesen sein. Auch er selbst rechnete nicht ernsthaft damit, älter als dreiunddreißig Jahre zu werden; so alt war Jesus geworden. Als sein Bruder sich dem kritischen Zeitpunkt gesund und munter näherte, forschte er im Kirchenbuch nach, ob das Geburtsjahr stimmte.

Da er entstanden sei »durch ein Verbrechen« und »gegen Gottes Willen«, wollte er sich opfern. »Die Bestimmung dieses Lebens ist: auf den höchsten Grad von Lebensüberdruß gebracht zu werden.« Einmal hatte er, nach jahrelanger Vorbereitung, den Fehler begangen, sich zu verloben. Schon am nächsten Tag erkannte er seinen Irrtum. Ein Seelenkampf beginnt. Ein Biograph kommentiert: »Sie war das Naturkind, jung und unschuldig, aber in den Eingebungen der Sinne von einer selbstverständlichen Hingabe; er war ein Kunstprodukt, in einem Reagenzglas hochgezüchtet, tausend Jahre alt, voller Bewußtheit von der Sünde, lange ehe er eine Sünde begangen hatte, als biologisches Geschöpf ein Krüppel.« Nach einem Jahr löst er die Verlobung auf; sie glaubt, sterben zu müssen. Er flieht ins Ausland, läßt sie aber von einem Freund überwachen. Als er hört, sie habe sich mit einem anderen verlobt, ist er fassungslos über diesen Verrat. Noch viele Jahre später, sie ist schon lange verheiratet, notiert er jede flüchtige Begegnung mit ihr, in der Kirche, auf der Straße, auf dem Wall. Nun arbeitet er an der Idee einer gesteigerten Innigkeit, die sich aus der Entsagung speisen soll. Dazu kommt es nicht. Sie sehen sich noch einmal am 17. März 1855, bevor sie ihren Mann nach Westindien begleitet. Er bleibt zurück und stirbt wenige Monate später, zweiundvierzig Jahre alt.

Eine Frau, hatte er gewußt, macht einen Mann nicht zum Dichter, nur zum Vater. Wer war der traurige Theoretiker der Verweigerung, der – im Namen der Kreativität – dazu riet, die Geliebte nicht zu besitzen, sondern nur zu erinnern?

Es handelt sich um den Philosophen Sören Kierkegaard, der vom 5.5.1813 bis zum 11.11.1855 lebte.

32

Nach der Generalprobe zum Palmsonntagskonzert 1849, man spielte Beethovens Neunte, näherte sich dem zierlichen Kapellmeister ein Hüne mit slawischem Akzent und stellte sich, die musikalische Darbietung lobend, höflich als Dr. Schwarz vor. Der Kapellmeister erkennt Michail Bakunin, der stilsicher unter dem Pseudonym des Erfinders von Schießpulver auftritt. Die beiden unternehmen lange Spaziergänge, treffen sich im Gartenhäuschen des Kapellmeisters und beginnen in konspirativen Sitzungen die Revolution vorzubereiten. Bald sind sie gut zwei Dutzend Männer, darunter auch Offiziere der Kommunalgarde. Der Geist des Kapellmeisters war bekannt. In flammenden Reden und Aufsätzen im *Dresdner Anzeiger* hatte der Hofmusiker den Untergang des Adels gefordert, den Aufbau einer demokratischen Volksarmee, das allgemeine Wahlrecht für Männer und Frauen und natürlich die Abschaffung des Geldes, in dessen »knechtischer Leibeigenschaft« die Menschheit darniederliege. Er hatte auch schon vor Ostern beim Messinggießer heimlich Handgranaten in Auftrag gegeben und in der Auslieferung der *Dresdner Zeitung* zwischenlagern lassen.

Am 3. Mai geben die Glocken vom Turm der Annenkirche das Signal. Am 4. Mai läßt der Hofmusiker seine hundertfünfzig Eierhandgranaten mit Pulver scharf machen. Die Straßenkämpfe weiten sich aus. Eine provisorische Revolutionsregierung zieht ins Rathaus ein, wo Bakunin einen Kommandostand installiert. Der Kapellmeister agiert zwischen der Zentrale und der »Front«. Er bringt den Opernarchitekten Semper dazu, die schlecht zusammengehauenen Barrikaden zu verbessern – was dieser mit dem »künstlerischen Pflichtgefühl eines Michelangelo oder Leonardo da Vinci« bewerkstelligt. Die kapellmeisterlichen Versuche, das Prinzenpalais mit brennender Flüssigkeit anzustecken, wollen nicht recht gelingt. Zwei Tage später aber hat er beim alten Opernhaus offenbar mehr Erfolg. »Opernhaus nun abgebrannt: Sonderbares Behagen«, notiert er in sein Tagebuch. Er ist stolz, als man ihm von den Barrikaden zuruft: »Herr Kapellmeister, nun, der Freude schöner Götterfunken hat gezündet.«

Im Unterschied zu anderen erkennt er rechtzeitig, daß die Revolution scheitern muß und setzt sich ab. Als er in Bordeaux die Falschmeldung liest, Bakunin und seine Mitrevolutionäre seien gefangengesetzt und zum Tode verurteilt, schickt er ihnen mitfühlend einen aufbauenden Brief ins Gefängnis, in dem er sie zu Helden der Menschenliebe erklärt und ihnen ein herzliches »So sterbet denn glücklich« zuruft. Er selbst reist schnell weiter, fort aus Europa, über Malta nach Griechenland bis nach Kleinasien.

Wer war der flüchtige, rauschbegabte Musiker?

Es handelt sich um den Komponisten Richard Wagner, der vom 22.5.1813 bis zum 13.2.1883 lebte.

33

Vermutlich war er ein ziemlich guter Mensch. Auch wenn er sich ungebührlich aufregen konnte. Über Priester zum Beispiel. Schon als Kind hatte er den Dorfkaplan verflucht, weil dieser ihn mit einem bösen Tritt daran erinnerte, daß er als Meßdiener gefälligst bei der heiligen Handlung assistieren und nicht selbstvergessen dem Orgelspiel lauschen solle. Der ernste Bub aber war der Musik verfallen, der Kirchenorgel wie den umherziehenden Drehorgelspielern und Fiedlern. Er verfluchte den störenden Pfaffen und erzählte noch als Erwachsener, daß dieser dumpfe Diener des Herrn später tatsächlich vom Blitz erschlagen worden sei. Daß der Bischof ihm eine Stelle als örtlicher Musikdirektor vereiteln wollte, wird er nie vergessen, zwei seiner Hunde nannte der bald Weltberühmte »Poetin« (Kleiner Priester) und »Prevost« (Propst).

Dabei war er religiösem Denken und Empfinden stark verbunden. Sein erster wirklicher musikalischer Erfolg entzündete sich an einer Paraphrase des Psalms »Super flumina Babylonis«. Dieses Werk, das ihn schlagartig zu einem neuen Idol der internationalen Musikszene machte, schrieb er aus einem biographischen Zusammenbruch heraus. Innerhalb von vier Jahren hatte er seine zwei kleinen Kinder und seine junge Frau verloren. Von nun an lebte er in einer klatschumwitterten Beziehung mit einer

Sopranistin, die früh ihre Stimme ruiniert hatte und die er nach achtzehn Jahren heiratete.

Als er am 21. Mai 1877 in Köln sein Requiem dirigierte, überreichten ihm die Damen des Chores einen Taktstock aus Gold. Er dachte, es würde sein letztes Werk sein. Aber er sollte noch dreiundzwanzig Jahre leben und arbeiten. Gern zog er sich auf ein Landgut zurück, wo er einst ausgeklügelte Bewässerungssysteme angelegt und neue Weizen- und Traubensorten für den Acker- und Weinbau ausprobiert hatte. Auch kannte er sich aus in der Rinder- und Pferdezucht. Auf den Viehmärkten der Gegend war er bekannt. Seinen drei größten musikalischen Erfolgen pflanzte er als Denkmale der Leidenschaften Bäume: eine Platane, eine Eiche, eine Trauerweide. Testamentarisch verfügte er, daß er in aller Stille bei Tagesanbruch oder beim Ave-Läuten neben der Gefährtin seines Lebens begraben werden wollte, »ohne Gesang und Musik«. Das geschah. Als die beiden Särge aber einen Monat später, wie bestimmt, gemeinsam in die Kapelle eines von ihm gestifteten Altenheims überführt wurden, folgten ihnen 300 000 Menschen, und ein Chor von 900 Stimmen sang jene Psalmenparaphrase, die zum Hymnus eines nationalen Jahrhunderts geworden war.

Wer war der bescheidene Komponist des Pathos?

Es handelt sich um den Komponisten Giuseppe Verdi, der vom 10.10.1813 bis zum 27.1.1901 lebte.

34

Er ist das »Glückskind« des Vaters, der »stärkste Hebel seines Lebens«, ein überaus kostbarer Sohn. Doch des Vaters Geduld wird hart auf die Probe gestellt. Denn der Sohn erweist sich als überaus kostspielig. »Als wären wir Goldmännchen«, schreibt er ihm nach Berlin, »verfügt der Herr Sohn in einem Jahre für beinahe 700 Taler gegen alle Abrede, gegen alle Gebräuche, während die Reichsten keine 500 ausgeben.« Haushaltsbücher der Zeit belegen, daß mit 200 Talern gut auszukommen gewesen wäre; ein Berliner Stadtrat bekam im Vergleich 800 Taler im Jahr. Für was also brauchte ein kleiner Jurastudent so viel Geld? Der Vater kann es nicht fassen, zumal er vom elenden Lebenswandel des Sohnes weiß: »Ordnungslosigkeit, dumpfes Herumschweben in allen Teilen des Wissens, dumpfes Brüten bei der düsteren Öllampe; Verwilderung im gelehrten Schlafrock und ungekämmte Haare.« Dabei sollte der junge Mann schleunigst auf den rechten Berufsweg kommen, schließlich hatte er sich zu Haus heimlich mit einer Tochter aus sehr gutem Hause verlobt. Und das arme Kind wartete. Der Vater spricht von »heiliger Verpflichtung«, was wiederum der Sohn nicht fassen kann.

Seine Berliner Geldmisere sollte nur ein kleines Vorgeplänkel des Kommenden sein. Nie würde er seine Familie ernähren können, weder aus selbsterwirtschaftetem Geld noch mit den verschiedenen, gar nicht kleinen Erbschaften, die ins Haus standen. Kaum war Geld da, war es auf wundersame Weise schon wieder verschwunden. Denn die neue Wohnung, die sofort zu beziehen war, mußte schließlich eingerichtet werden. Wäre er Bohemien gewesen, er hätte es leichter gehabt. Da er aber penibel an der Fassade wohlgesetzter Bürgerlichkeit festhalten wollte, mußte man hungern. Manchmal konnte er nicht ausgehen, weil seine Kleider im Pfandleihhaus hingen; dann wieder fehlte seinem »Ochsenkopf an Ideen« ganz einfach das Schreibpapier. Seine Gattin versetzte das Familiensilber. Er rettete sich in Ignoranz und Zynismus: »Du wirst aus meinen Briefen ersehen haben«, notiert er an einen Freund, »daß ich die Scheiße wie gewöhnlich, wenn ich selbst darin stecke und nicht nur von weitem davon höre, mit großer Indifferenz durchwate.« Unter Nervenzusammenbrüchen gebiert seine Frau ihm sechs Kinder, von denen vier noch vor dem Vater an Schwindsucht sterben. Gegen Ende seiner Karriere hält ihn sein bester Freund, ein abtrünniger Fabrikantensohn, mit einer aberwitzig hohen Jahresrente aus. Sie hat nie gereicht.

Wer war der große Ökonom, der in seinem Haushalt ohne Erfolg oft »Pence für Pence Buch geführt, weil es mir selbst fabelhaft war, wie das Geld verschwand«?

Es handelt sich um den Philosophen Karl Marx, der vom 5.5.1818 bis zum 14.3.1883 lebte.

35

Schließlich konnten seine Freunde dem hoffnungslosen Schuldenmachen nicht mehr zusehen und gingen dazu über, Aktien mit seinem Namen zu verkaufen. Ehrlichkeitshalber versicherten sie den gutmütigen Abnehmern, daß sie ihr Geld kaum wiedersehen würden. Der Kandidat war nicht erfolgversprechend. Sein finanzielles Desaster hinderte den verbummelten Mann in besten Jahren aber nicht daran, gleich zweimal eine Dozentenstelle an seiner heimatlichen Universität auszuschlagen. Er hatte Dringlicheres zu tun, als zu unterrichten. Er war instinktiv selbstbewußt, dabei gleichzeitig von seiner Arbeit nicht überzeugt. »Das ›Werk‹ liegt wie ein Alp auf mir«, notiert er überdrüssig, er werde »zu keinem frischen und raschen Vorwärtsschreiten kommen, bis es endlich aus dem Hause gefegt ist«. Doch monatelang war es ihm nicht möglich, »den furchtbaren Strickstrumpf auch nur anzurühren«. Was er da fabriziere, sei ein »ödes und ungeschicktes Machwerk«, ein »formloser und wunderlicher Versuch«, stilistisch »ziemlich breit und willkürlich«, inhaltlich »monoton und trübselig«.

Frauen liebte er sehr behutsam und sehr unglücklich; um so heftiger und lustvoller konnte er in der Männerwelt zuschlagen. Wenn das wilde Weh ihn trieb, wurde er gefährlich. Er schlägerte mit brutaler Freude in den Gassen – oft mußte ein harmloser Passant daran glauben –

und tobte schamlos in bester Gesellschaft. Beim Fünfuhrtee im Salon von Rahel Varnhagen stürmte er aus Ekel und Zorn über die anwesenden Literaten davon und machte noch im Flur mit seinem Knotenstock die abgelegten Zylinder dieser Herren nieder. Bei einer großen Tafelrunde im Hause Wagner geriet er so in Wut, daß er unter einer Schimpftirade auf einen Schriftsteller, mit dem mehrere der Anwesenden befreundet waren, einen vor ihm stehenden Stapel von kostbarem japanischem Porzellan mit der blanken Faust zertrümmerte. Auch wenn er nur Konversation trieb – erinnert sich der Gastgeber – seien seine Worte doch so seltsam herausgekommen wie Kartoffeln, die man aus einem Sack herausschüttele.

Wer war der Zerrissene, der auch später als einer der höchsten Verwaltungsbeamten seines Staates das Schlägern nicht lassen konnte, in dessen Werk aber, wie Hugo von Hofmannsthal sagte, eine »gute und starke Harmonie« herrscht, in der »alles bei üppigstem Reichtum, doch reingestuft und wohltuend sich entgegenhebt wie in der Musik, die alle Zwischentöne fortläßt, die keine reinen, einfachen Schwingungszahlen haben«?

Es handelt sich um den Schriftsteller Gottfried Keller, der vom 19.7.1819 bis zum 15.7.1890 lebte.

36

Am 1. März 1849 schreibt er an einen Freund: »Denke Dir, ›Enthüllung Nr. 2‹: zum zweiten Male unglückseliger Vater eines illegitimen Sprößlings. Abgesehen von dem moralischen Katzenjammer ruf ich auch aus: ›,Kann ich Dukaten aus der Erde stampfen.‹ Meine Kinder fressen mir die Haare vom Kopf, eh die Welt weiß, daß ich überhaupt welche habe. O horrible, o horrible, o most horrible! ruft Hamlets Geist, und ich mit ihm.« Am nächsten Sonntag will er dem Freund den entsprechenden Enthüllungsbrief aus Dresden vorlegen, »vorausgesetzt, daß Du für die Erzeugnisses meines Penes nur halb so viel Interesse hast wie für die meiner Feder«. Damals war er freilich im vierten Jahr mit einem Mädchen verlobt, das er schon seit Kindertagen kannte. Zu Ostern erhält diese Braut folgende Zeilen: »Herzl laß dies Zweifeln, laß dies Klauben. / Vor dem das Beste selbst zerfällt. / Und wahre Dir den Rest von Glauben. / An Gutes noch in dieser Welt.« Den Glauben würde sie allerdings nötig haben. Der Verlobte hatte sich von seinem Apothekerberuf losgesagt und beschlossen, »freier Schriftsteller« zu werden. Oktober 1850 heirateten sie. Er schrieb überall herum, arbeitete als Korrespondent, verfaßte fragwürdige Gedichte. Zwischen 1851 und 1864 gebar sie ihm sieben Kinder, zwei davon, während er in einer anderen Stadt weilte. Von dort aus schrieb er dann aufmunternde Zeilen nach der Niederkunft: »Daß Du vor-

und nachher, wie mir die Mama schreibt, wieder hast wacker aushalten müssen, erfüllt mich mit aufrichtigster Betrübnis. Ich dachte eigentlich, Du hättest Dein Schmerzens-Pensum das vorige Mal abgearbeitet, und erwartete mit ziemlicher Bestimmtheit, es würde diesmal ein Kinderspiel sein.« Als ehemaliger Apotheker stand er dem Leid der Frauen eher skeptisch gegenüber. Es gebe »schlecht gerechnet ebenso viele falsche Migränen wie falsche Zöpfe«. Und seiner Gemahlin empfahl er gegen Wochenbettschwäche, Zahnschmerzen, Magenverstimmungen und Leberaffektionen in der Regel Selterswasser, Cognac und Rotwein. Seine Söhne gingen, solange sie klein waren und soweit sie überlebten, an ihm vorbei. Als ihm aber eine Tochter geboren wurde, erwachte sein Interesse. Schon als Zehnjährige schien sie ihm erstaunlich – und gefährdet: »ein apartes Kind, in gewissen Sinne ein Angstkind, und alles wird davon abhängen, in welche Hände sie gerät«. Sie geriet zunächst in keine Hände; sie umschwärmte den über alles geliebten Vater als seine »Persönlichkeitsmuse« (wie er es nannte). Und wenn sie nicht zusammensein konnten, schrieben sie sich intensiv Briefe. Als sich die Vatertochter endlich – keiner glaubte mehr daran – neununddreißigjährig mit einem um zwanzig Jahre älteren Professor verlobte, brillierte ihr Erzeuger auf dem Fest und starb vier Tage später, nachdem er zu zweit mit ihr diniert hatte.

Wer war der Autor, der wenige Jahre vor seinem Tod eine der tragischsten Frauengestalten der Weltliteratur geschaffen hat?

Es handelt sich um den Schriftsteller Theodor Fontane, der vom 30. 12. 1819 bis zum 20. 9. 1898 lebte.

37

Es ist leider sehr wahr, daß die Liebe ohne Muße und Geld nur eine bürgerliche Orgie oder der Vollzug einer ehelichen Pflicht sein kann. Statt eines brennenden oder verträumten Einfalls wird sie zu einer abstoßenden Nützlichkeit.« Einen Aussagesatz über das Leben hätte er ähnlich formuliert. Er brannte und träumte. Der Nützlichkeit entzog er sich mit bitteren Konsequenzen. Denn er nahm sich die Muße, aber er hatte kein Geld. Als sein Stiefvater, ein General, dem Achtzehnjährigen zum Eintritt in den diplomatischen Dienst riet, entflammte der Knabe in heller Wut. Er sei Schriftsteller und wolle nichts anderes sein als das. Bislang hatte er keine Zeile veröffentlicht. Er läßt sich einen Rock schneidern, wie ihn Goethe trug. Als er endlich zu publizieren begann, blieb der Mißerfolg ihm treu bis zum Tod. Er veröffentlichte in verschiedenen Zeitschriften. Keines seiner Bücher erschien in einer größeren Auflage als 1300 Exemplare. Eine kleine Textserie im *Figaro* wurde abgebrochen, weil der Direktor erklärte, diese Sachen würden »alle langweilen«. Seinen Verleger und Freund trieb er in den Ruin. Er selbst belastete sein zu erwartendes hohes Erbe in rasanter Zeit mit noch höheren Hypotheken. Ein von der Mutter eingeschalteter Vormund versuchte zu retten, was kaum zu retten war. Ein Literaturagent scheiterte. Schon zu Lebzeiten verkaufte der Dichter alle seine Rechte als Übersetzer zu einem

Schleuderpreis. Noch weniger brachten nach seinem Tod die Rechte für sein Gesamtwerk, die ein Verwandter öffentlich versteigern ließ.

Er hielt nicht viel von Frauen und war ihnen bis zur Selbstaufgabe verfallen. An seiner Mätresse, einer Statistin in einem kleinen Theater, hing er – unter vielen Trennungen – ein Leben lang. Zwei Jahre bevor er mit sechsundvierzig Jahren starb, wurde er halbseitig gelähmt und verlor die Sprache. Man pflegte ihn kurzfristig in einer katholischen Anstalt, wo es ihm noch bisweilen gelang, ein einziges Wort auszustoßen: »crénom«. Es war eine Verfluchung Gottes. Nachdem die Mutter ihn abgeholt hatte, bestellten die Nonnen einen Teufelsaustreiber. Seine Passion trennte nicht zwischen Wahrnehmen und Schreiben; er hat an ihr nie gezweifelt. Immer war er sich der bahnbrechenden Bedeutung seiner Texte gewiß. Spät dann huldigten ihm sehr junge Autoren, Knaben, die einst selbst in die Weltliteratur eingehen sollten.

Wer war der Autor, der dazu nur noch sagen konnte: »Diese jungen Leute machen mir eine Heidenangst. Ich möchte nichts so sehr als alleine sein«?

Es handelt sich um den Schriftsteller Charles Baudelaire, der vom 9.4.1821 bis zum 31.8.1867 lebte.

38

Von Lesungen zu sprechen wäre Understatement. Er dröhnte. Dabei störte es ihn nicht, wenn der Ort seines Auftritts der Salon einer Prinzessin war. Dort gestikulierte der stämmige Mann wild und nahm dann »gewöhnlich die Krawatte ab, um, wie er sagte, bequemer brüllen zu können«. In seinen eigenen vier Wänden vollzog sich – so das möglich war – eine Steigerung. Hier »gab seine Stimme Laute von sich, die ihm schier die Kehle sprengten, er donnerte so, daß die Nippfiguren auf der Anrichte zitterten«. Die Nachbarn kannten das schon, und von den Seine-Schiffern, die an seinem Haus vorbeifuhren, wird gesagt, daß sie sich in klaren Nächten an den Lampen des bis in den Morgen schreibenden Dichters orientierten, bei Nebel aber hätte ihnen seine gewaltige Stimme eine Glockenboje ersetzt.

Das sehr laute Vorlesen ist ein Teil seines Produktionsprozesses. Er, der sich für Musik nicht interessiert, liest mit einem absoluten Gehör für die klanglich-rhythmische Stimmigkeit seiner Prosa. Sein Gepolter muß etwas Alttestamentarisches gehabt haben. Als er seinen ersten Roman, von dem er glaubte, daß er des Druckes würdig wäre, beendet hatte, lud er seine zwei besten Freunde ein und schrie ihnen das Opus am Stück vor, vier Tage lang jeden Tag acht Stunden. Bedingung: Die Freunde durften ihn nicht unterbrechen und nichts kommentieren. Es waren wirklich gute Freunde; sie hielten durch. Am Ende war die Einschätzung der Ermatteten von nicht zu überbietender Einhelligkeit: Umgehend vernichten! Die Enttäuschung war so groß, daß sich der eine der beiden gutmütigen Zuhörer genötigt sah, mit dem Unglücklichen ein anderes Konzept zu entwickeln. Auch ein späteres Manuskript, von dem sein zorniger Autor polterte: »Dieses Drecksding von einem Roman erschöpft mich bis in die Knochen«, korrigierte er ihm. Von den 251 Ungenauigkeiten und Grammatikfehlern akzeptierte der brüllende Poet immerhin 164.

Wer war der Autor, der nie ohne Spitzenmanschetten schrieb, in Gesellschaft aber lieber allein in einer Nische speiste, da er sich dabei gerne den Frack und auch die Lackschuhe auszog?

Es handelt sich um den Schriftsteller Gustave Flaubert, der vom 12.12.1821 bis zum 8.5.1880 lebte.

39

Vielleicht war er wirklich nicht ganz von dieser Welt. Er zählte die Sterne, wie Gott sie gezählt hatte, er zählte auch die flimmernden Blätter an den Bäumen, die davonlaufenden Fenster an den ewigen Häuserfassaden (immer wieder), die Perlen an den Kleidern der unerreichbaren Frauen, die Holzscheite im Stapel. Manchmal zählte er Sand. Die fixe Idee quälte ihn, er müsse die Donau ausschöpfen. Minutiös notierte er den Sturm seiner täglich verrichteten Gebete. Beruhigung fand er auf Friedhöfen. Lange lagerte er an Wagners frischem Grab. Auch haben Passanten beobachtet, wie er immer wieder seinen Zeigefinger auf eine bestimmte Stelle von Jean Pauls Grabstein tippte. Biographen sprachen von einer »ungesunden Affinität« zu allem, was mit dem Tod oder dem Leiden verbunden war. Zu bemerken war eine gewisse Gier nach Leichen. Als der ermordete Kaiser Maximilian von Mexiko nach Wien überführt wurde, schrieb er aufgeregt an seinen Freund, ob der Leichnam zu sehen sein werde, »also offen im Sarg oder durch Glas. Laß es mir dann gütigst telegraphisch anzeigen, damit ich nicht zu spät komme.« Bei der Exhumierung und Umbettung von Schubert und Beethoven war er pünktlich zur Stelle und konnte beiden noch die Hand aufs Haupt legen. Als er aber an die Behörden ein Gesuch schickte, er wünsche den Totenschädel seines Musiklehrers zu besitzen, erhielt er einen abschlägigen Bescheid. Er verschlang Zeitungsberichte über Morde und Hinrichtungen. In kultischer Verbundenheit verzehrte er die Henkersmahlzeit mit. Daß ihm nachts die Geister von Toten begegneten, war verständlich. Er war groß, korpulent, rhetorisch weniger begnadet, in Gesellschaft, wo er kaum zu sehen war, erinnerte er in seinen weiten altmodischen Hosen »an Bauern, wie man sie in den Alpen sah«. Seine Tischmanieren waren einfach: »Beim Mittagessen nahm er den Fisch in die Finger und brach die Gräte mit den Händen entzwei.« Unauffällig armselig lebte er in zwei gemieteten Zimmern (eines davon war dunkelblau gestrichen); niemand in Wien kannte ihn. Als er mit dreiundfünfzig Jahren eine Symphonie der Öffentlichkeit präsentierte, erlebte er ein Fiasko, von dem er sich nicht mehr erholte. Bei jedem Satz verließen Ströme von Zuhörern den Saal, am Ende stand er allein mit dem Taktstock auf der Bühne: Auch die Musiker hatten das Weite gesucht. Er weinte in Mahlers Armen. Und komponierte weiter. Sein letztes Werk schrieb er in d-Moll und widmete es »dem lieben Gott«.

Wer war der Musiker, dessen Symphonien ausnahmslos in einem sphärischen Piano beginnen und von dem ein Kritiker später sagte: »Die allerersten Klänge verpassen heißt, unwiderruflich ein großes Ereignis versäumen«?

Es handelt sich um den Komponisten Anton Bruckner, der vom 4.9.1824 bis zum 11.10.1896 lebte.

40

Zunehmend wurde er fundamentalistischer. Zu Beginn einer Mahlzeit konnte er ein flatterndes Huhn an ein Stuhlbein binden, eine Axt auf den Tisch legen und der speiselustigen Gesellschaft erklären: Wer ein Huhn essen wolle, müsse ein Huhn töten können. Auch von den sexuellen Freuden des Fleisches hielt der strenge Vegetarier wenig – was ihn aber nicht direkt von ihnen abhielt. Dann schämte er sich. »Der Teufel hat mich heimgesucht«, verteidigte sich der Einundsechzigjährige im Tagebuch; er meinte seine Ehefrau. »Ich habe schlecht geschlafen – es war so abscheulich – wie nach einem Verbrechen« lautete ein weiterer Eintrag. Später heißt es: »Noch stärker besessen« und »Ich bin gefallen«. In solchen Seelenstürmen war er Vater von ziemlich vielen Kindern geworden, allein dreizehn gebar ihm sein angetrautes Weib. Diese Gattin, die als junges Mädchen den um sechzehn Jahre älteren Mann geheiratet hatte, sollte ihr Leben später als ein »Opfer« bezeichnen. Sie meinte damit nicht nur ihre Tätigkeit als gewissenhafte Kopistin seiner Texte. Zumindest, so sagte sie als alte Frau, sei ihr Mann das Opfer »wert« gewesen. Das hatte aber auch anders klingen können. »Er bringt mich systematisch um«, schrieb die schöne Mittvierzigerin nach achtundzwanzig Jahren Ehe. Da lagen noch zwanzig Jahre vor ihr. Die gläubige Naturverbundenheit ihres Gatten, seine Apotheose des Einfachen, war mit einer mutwilligen Verwahrlosung einhergegangen. »Er hat mir gesagt, seine Füße seien vor lauter Schmutz geradezu wund geworden«, staunte die aparte Frau, die später eine Leidenschaft für die Fotografie entwickeln sollte, und fügte irritiert hinzu: »Manchmal empfinde ich gegen meinen Mann – gegen seinen Körper – einen starken Widerwillen, und das ist deprimierend. Aber vor allem kann ich mich nicht an den Schmutz, den Geruch gewöhnen.«

Wer war der komplizierte Ehemann und riechende Radikale?

Es handelt sich um den Schriftsteller Leo Tolstoi, der vom 9.9.1828 bis zum 20.11.1910 lebte.

41

Er wollte es recht machen. Allen. Also war das Machen besser zu unterlassen. Er habe sich sein Leben lang in Filzpantoffeln bewegt, umschrieb es ein Freund. Er liebte verdunkelte Zimmer und die leise Geborgenheit, wenn seine Hand in der seines Dieners lag; vielleicht ließ sich so die Wirklichkeit etwas abmildern. Seine Homosexualität quälte ihn. Sie gehörte sich nicht. Also beschloß er tapfer, »in den Stand der Ehe zu treten, mit wem es auch sei«. Die ihn liebten ahnten, was kommen würde. Er aber schien gefaßt. »Sei versichert«, schrieb er an die Schwester, »daß ich mich nicht unvorsichtigerweise in den Abgrund einer unglücklichen Verbindung stürzen werde.« Das war mehr selbstsuggestiv als überzeugend. Andere Briefe blieben ehrlicher: »Im Alter von siebenunddreißig Jahren mit einer angeborenen Abneigung gegen die Ehe plötzlich gewaltsam mit einer Frau, die man nicht liebt, verheiratet zu werden, ist sehr schwer«, gestand er bitter einer Seelenfreundin. Sein Bruder erfuhr in den Tagen der Flitterwochen, er habe seine Frau schon vor der Ehe darüber aufgeklärt, daß sie nur mit »brüderlicher Liebe« rechnen dürfe. Körperlich sei ihm seine Frau »restlos widerlich geworden«. Anfänglich beruhigte er sich damit, daß sie wenigstens »sehr beschränkt« sei. »Eine gescheite Frau würde ich fürchten.« Doch er litt trotz ihrer Dummheit, wich aus aufs Land, kam zurück und wußte endgültig: Was ihm jetzt noch blieb, war der Tod. Aber das ging nicht so einfach, denn auch ein Selbstmord gehörte sich nicht. Wild entschlossen stellte er sich bis zur Brust in den eiskalten Fluß und hoffte auf eine Lungenentzündung. Sein Körper enttäuschte ihn. Daraufhin ließ er seinen Diener ein Telegramm fingieren, das ihn fortrief. Er floh und sollte seine Frau nie mehr sehen.

Neben dieser strapaziösen Ehe lebte er in einer Seelengemeinschaft, die kein Schatten von Leiblichkeit trübte. Über vierzehn Jahre schrieb er einer empfindsamen Freundin und großzügigen Mäzenin gut 1200 lange, auch sehr lange Briefe. Oft wohnte er auf ihren Gütern oder in ihrer unmittelbaren Nähe, aber ausgeklügelte Abmachungen garantierten, daß man sich trotz der örtlichen Intimität nie begegnete. Als sie ihm doch einmal in der Kutsche entgegenkommt, hebt er den Hut. Und fährt weiter. Danach steht er unter Schock. Am Morgen schreibt er dem Bruder: »Ich hatte gestern wieder meinen hysterischen Anfall, ich heulte den ganzen Abend.«

Wer war der scheue Musiker, der für die Sehnsucht unverwechselbare Melodieführungen erfunden hat?

Es handelt sich um den Komponisten Peter Iljitsch Tschaikowski, der vom 7. 5. 1840 bis zum 6. 11. 1893 lebte.

42

Er wußte, was ihm wichtig war. Leinen zum Schlafen, Leinen auch in Bad und Küche, denn die Tücher aus Baumwolle hinterließen Flusen. Zum Schneiden von Obst wünschte er Messer mit Klingen aus Silber. Brot hingegen sollte nur gebrochen werden. Im Ofen gebratenes Fleisch lehnte er ab, er schätzte es über Holz- oder Kohlenfeuer zubereitet. Die Ästhetik von englischem Rasen verstand er nicht. Schönheit war eine Wiese, war Unregelmäßigkeit, Abweichung, war die ewige Nuance, die einen Apfelsinenschnitz immer von einem anderen unterschied in Dicke, Farbe, Anzahl der Kerne, die wiederum nicht exakt gleich waren. Dinge aus Gummi empfand er als Schund, ebenso alles aus Gußeisen. Asphaltierte Straßen mochte er nicht, hingegen ging er gerne über Bürgersteige aus Steinplatten oder durch Passagen, die mit bläulich schimmerndem Sandstein gepflastert waren. Er liebte Haut, gesunde Haut, »die das Licht nicht abweist«. Am liebsten lebte er im Fluidum von füllig-schönen Frauen. Er hatte es gerne, wenn seine Hausmädchen sangen und er ihnen bei der Arbeit zusehen konnte: »Das beste für eine Frau ist, sich zu bücken, wenn sie den Fußboden wischt, das Feuer anzündet oder wäscht, ihr Bauch braucht diese Bewegung.« Bewegungsmangel hingegen führe letztlich dazu, daß sie bei der Liebe keine wirkliche Lust empfinden könne. Gelehrte Frauen waren ihm ein Graus. »Ich mag sie am liebsten, wenn sie nicht lesen können und ihren Kleinen eigenhändig den Hintern wischen.« Schönheit war, wie eine Frau instinktiv ihren Säugling hielt. Er fürchtete eine Normierung der Frau und die Verflachung ihrer Sinne durch Bildung.

Er malte bis zuletzt, obwohl ihn ein furchtbares Rheuma halb lähmte und in den Rollstuhl zwang. Seine verkrüppelten Hände umkrallten einen Pinsel, um den man ein weiches Läppchen gelegt hatte, damit die Haut nicht durchscheuerte. Er war wundgelegen – er sprach von der »Bettfolter« –, wundgesessen, aber das Licht, die nackte Haut der Frauen, der Glanz auf seiner Palette waren ihm eine Droge, die ihn arbeiten ließen: Schieferweiß, Nepalgelb, Sienabraun, Krapplack, Erdgrün, Veroneser Grün, Kobaltblau, Elfenbeinschwarz. Sein letztes großes, unter Qualen entstandenes Bild wollte er dem Louvre schenken. Dort lehnte man zunächst ab, die Farben seien »zu schreiend«.

Wer war der Maler, der wenige Stunden vor seinem Tod noch ein Anemonensträußchen malte, den Pinsel weglegte und sagte: »Ich glaube, allmählich verstehe ich etwas davon«?

Es handelt sich um den Maler Auguste Renoir, der vom 25.2.1841 bis zum 3.12.1919 lebte.

43

Am Anfang war die Stimme der Großmutter. Sie nimmt sich des blinden Kindes an und beschäftigt es, indem sie ihm Geschichten erzählt. Die Mutter hat kaum Zeit; vier andere hängen an ihr, und sie ist schon wieder schwanger. Die Familie ist zwar sehr arm, kann aber in der Not ihr heruntergekommenes Haus verkaufen. Vom Erlös macht die Mutter eine Ausbildung zur Hebamme und lernt in der Klinik einen Arzt kennen, der ihr blindes Kind heilt. Der Kleine ist etwa vier Jahre alt, als er die Augen aufschlägt und eine nicht-erzählte Welt sieht. Sie hat ihn weniger beeindruckt als die großmütterlichen Fiktionen.

Bald hilft er in einer Schankwirtschaft aus und gerät in die Leihbibliothek der Wirtin. Der Schund irritiert ihn, erweitert aber seinen Wortschatz. Dasein heißt Fabulieren. Wer dazu noch arm ist, hat allen Grund zum Geschichtenerzählen. Er stiehlt ein bißchen oder borgt und greift dazu Legenden aus der Luft. Als er eine geliehene Uhr nicht gleich zurückgibt, kommt er für sechs Wochen ins Gefängnis. Das kränkt ihn nun wirklich. Er sinnt auf Rache an einer Welt, die ihn wegen Kleinigkeiten zum Verbrecher macht, und dreht den Spieß um. Er wird Hochstapler. Als »Augenarzt Dr. Heilig« läßt er sich bei einem Schneider neu einkleiden, natürlich ohne zu bezahlen. Als »Seminarleiter Lohse aus Chemnitz« steigt er in einem Gasthof ab und läßt Pelze bringen. Als

»Notenstecher Hermes« besorgt er sich auch im nächsten Ort einen prächtigen Bibermantel. (Pelze müssen ihn fasziniert haben.) Er flüchtet weiter und hat einen Auftritt als »Polizeileutnant Wolframsdorf aus Leipzig«, der bei einem Juwelier vermeintliches Falschgeld und Diebesgut konfisziert. Dann wieder taucht er auf als Advokatsgeselle oder Plantagenbesitzer von der westindischen Insel Martinique. Überzeugend redet er sich seine Wirklichkeit herrlich. Nicht immer geht das gut. Als er Mitte Dreißig ist, hat er insgesamt fast acht Jahre in verschiedenen Gefängnissen zugebracht.

Einmal ist er als Häftling auch mit der Verwaltung einer Gefängnisbibliothek beauftragt und entscheidet, wer welches Buch bekommt. Aber er findet keine gute Lektüre für seine Leserschaft. Und hinter Gittern ist das ein verschärftes Problem: »Ein Leser in Freiheit und ein Leser in Haft, das sind zwei ganz verschiedene Gestalten.« Also setzt er sich ans Papier. Nach Jahren, er ist wieder einmal in Freiheit, will es der Zufall und er trifft einen Verleger, der sofort erkennt, welches Talent er da vor sich hat. Er verpflichtet den Mann der vielen Eigenschaften zu Kolportageromanen; der wird Schriftsteller und kommt seither nicht mehr in Arrest.

Wer war der weltweit gelesene Kultautor?

Es handelt sich um den Schriftsteller Karl May, der vom 25.2.1842 bis zum 30.3.1912 lebte.

44

Er wollte gut versorgt sein, deshalb brauchte er eine Frau. Ein Mann, der »Tiefe« habe »in seinem Geist wie in seinen Begierden«, könne »das Weib immer nur orientalisch denken: er muß das Weib als Besitz, als verschließbares Eigentum, als etwas zur Dienstbarkeit Vorbestimmtes und in ihr sich Vollendendes fassen, er muß sich hierin auf die ungeheure Vernunft Asiens, auf Asiens Instinkt-Überlegenheit stellen«. Er war ein Mann und er hatte Tiefe, also schritt er zur Tat. Selbstentschlossen und mit hinreißender Naivität überrumpelt er flüchtige Bekanntschaften mit ultimativen Heiratsangeboten. Und ist erstaunt, wenn die Damen sich irritiert abwenden. Er aber gibt nicht auf. »Bis zum Herbst«, schreibt er an eine verständige Freundin, »habe ich nun noch die schöne Aufgabe, mir ein Weib zu gewinnen, und wenn ich sie von der Gasse nehmen müßte: die Götter mögen mir Munterkeit zu dieser Aufgabe geben!« Die Götter scheinen abgelenkt gewesen zu sein. Aber seine Mutter steht ihm zur Seite. Einen Monat später schon weiß sie praktischen Rat: »Komm zu mir, ich wüßte ein köstliches Frauchen für Dich, höchst liebenswürdig, gescheudt, hübsch, wohlhabend und dabei höchst einfach und sauber.« Aber weder auf der Gasse noch im kleinbürgerlichen Salon wollte sich die orientalisch Gedachte finden. Ausgerechnet eine Intellektuelle, zugegeben eine Russin, ist es dann, die ihm ein

Freund brieflich schmackhaft macht. Gierig will er zu ihr: »Grüßen Sie diese Russin von mir, wenn dies irgendeinen Sinn hat: ich bin nach dieser Gattung von Seelen lüstern. Ja ich gehe nächstens auf Raub darnach aus – in Anbetracht dessen, was ich in den nächsten zehn Jahren tun will, brauche ich sie.« Er lernt sie kennen, und vielleicht kommt es sogar zu einem Kuß. Jedenfalls flötet er nach einem gemeinsamen Ausflug an den Freund, er habe »den Stein der Weisen (es ist noch dazu ein Herz) gefunden«. Doch die Auserwählte hat vielerlei Interessen, die Ehe gehört nicht dazu. Er ist tief beleidigt. Das hat er nicht verdient. Schnell ist aus dem Stein der Weisen einer des Anstoßes geworden: »Diese dürre, schmutzige, übelriechende Äffin mit ihren falschen Brüsten – ein Verhängnis! Pardon!«

Wer war der Ledige auf Lebenszeit, der von den beiden Frauen, die ihn am sorgsamsten umgaben, auch nicht freundlich sprach: »Aber ich bekenne, daß mein eigentlich abgründlicher Gedanke immer Mutter und Schwester sind«?

Es handelt sich um den Philosophen Friedrich Nietzsche, der vom 15.10.1844 bis zum 25.2.1900 lebte.

45

Er war den chemischen Strukturen von Jod, Quecksilber und Gold auf der Spur. In den Laboratorien der Sorbonne hat er nach vierzehn Tagen »unbestreitbare Beweise erhalten, daß der Schwefel eine dreistoffige Verbindung von Kohlenstoff, Sauerstoff und Wasserstoff ist«. Das höfliche Kopfschütteln der Professoren irritiert ihn nicht. Er interessiert sich für die Luftelektrizität und die Farbfotografie. In seinen wechselnden Hotels richtet er sich mit Instrumenten und Mikroskopen ein und führt verschiedene chemische und elektromagnetische Versuche durch – auch an sich selbst. Eines der Ergebnisse ist ein mehrwöchiger Krankenhausaufenthalt, den seine Freunde bezahlen. Doch schon bald schreibt er wieder, mit watteunterlegten, salbenverbundenen Händen. Im Monat, als Louis Pasteur stirbt, veröffentlicht er *Introduction à une chemie unitaire*. Das mangelnde Interesse der Fachwelt an seinem Aufsatz erklärt er damit, der andere habe ihm einfach die Schau gestohlen. Er nennt sich nun »Poetchemiker« und schreibt »Chemische Sonette«. Überall entdeckt er Korrespondenzen und seelisch-materielles Fluktuieren. Die Ähnlichkeit von Rauhreifkristallen mit Blumenkohl oder Pferden ist ihm Beweis für die innige Verbindung von organischer und anorganischer Natur. Die Muster auf den Flügeln des Totenkopfschwärmers ergeben sich, weil der Schmetterling zu Hinrichtungsplätzen und Friedhöfen geflattert ist, wo sich seine Larven in Aas entwickelten. Der Schuppenrücken der Makrele schreibt die Wellenform des Wassers fort. Diese Wissenschaft der universellen Bezüglichkeit ist riskant. Bald verfolgen ihn die Geister, die er schuf. Heimlich ist einer mit »Gas« hinter ihm her oder mit der »Elektrisiermaschine«. Leicht hat er in der Nacht ein Messer im Rücken oder einen Gott auf dem Sofa. Er initiiert religiöse Offenbarungen, indem er mit Entendaunenkissen um sich wirft und beobachtet, welche Gestalt sie beim Aufprall einnehmen. Zeus und Christus erscheinen, und im Wiederaufbauschen der Kissen vernimmt er ihre Botschaft. Daß er spinne, weist er zurück: »Was ich in dem Kissen sehe, das aus Vogelfedern gemacht ist, die einmal Träger von Leben gewesen sind, das ist die Seele, formgebende Kraft, und der Flachs, der in seinen Fasern Lebenskraft besaß, das ist Wirklichkeit.«

Wer war der Dichter, zu dem die Kissen sprachen wie »Phonographen«?

Es handelt sich um den Schriftsteller August Strindberg, der vom 22. 1. 1849 bis zum 14. 5. 1912 lebte.

46

Sein jüngerer Bruder hatte ihm wieder Geld geschickt. Er nahm es zähneknirschend. Nein, schrieb er ihm, er sei kein »Nichtstuer aus Faulheit«, er sei ein »Nichtstuer wider Willen, der innerlich von einem heftigen Wunsch nach Tätigkeit verzehrt wird, der nichts tut, weil es ihm völlig unmöglich ist, etwas zu tun, weil er wie in einem Gefängnis sitzt«. Ein solcher Mensch wisse manchmal selbst nicht, was er tun könne, aber er fühle instinktiv: »Ich bin doch zu irgend etwas gut, ich habe eine Daseinsberechtigung.« Und dann: »Ich weiß, daß ich ein ganz anderer Mensch sein könnte! Wozu könnte ich taugen, wozu könnte ich dienen! Es ist etwas in mir, was ist es nur?« Er hat einiges versucht, und alles ist ihm entglitten. Als Sechzehnjähriger brachte ihn ein Onkel in einer Kunsthandlung unter, zunächst in Den Haag, dann in Filialen in London und Paris, bis er sich mit seinen Arbeitgebern überwarf und es als Hilfslehrer in einer Londoner Privatschule versuchte. Auch dort hielt es ihn nicht lange, und er wurde Buchhändlergehilfe. Seine religiösen Neigungen verstärkten sich. Schon als Dreiundzwanzigjähriger hielt er in einer methodistischen Kirche eine Sonntagspredigt über Psalm 119,19: »Ich bin ein Fremder auf Erden. Verbirg mir Deine Gebote nicht. Meine Seele verzehrt sich in Sehnsucht.« Er konnte kaum wissen, wie recht er hatte.

Auch ein Theologiestudium in Amsterdam wollte ihm

nicht gelingen. Das Akademische war ihm fremd. Er durchlief die Probezeit in einer Evangelistenschule, die endgültige Aufnahme wurde ihm aber verweigert. Er war extrem, beinahe fundamentalistisch. Er hielt sich nicht zurück. Nun wurde er Missionar in einem belgischen Kohlebergbaugebiet, eine härtere Gegend war kaum zu denken. Er verschenkte seine Kleider, er wollte ärmer sein als die Armen, er schlief auf Stroh. Er verkündete nicht Gottes Wort, er lebte als Christus, kompromißlos. Dem offiziellen Klerus wurde das zu gefährlich. Man schickte ihn fort. Die Eltern sprechen von einer Ausbildung als Buchhalter, auch das Schreinerhandwerk sei zu erwägen. Seine Schwester sieht ihn schon als Bäcker. Jetzt rät ihm der jüngere Bruder, Lithograph zu werden. Er hat doch schon immer gezeichnet, nicht auffallend begabt, aber doch.

Das Licht ist vielgestaltig. Er will es mit der Leinwand predigen. Dort ist er freier. Man schreibt das Jahr 1880. Er ist siebenundzwanzig Jahre alt, er wird noch zehn Jahre leben. Er arbeitet als Autodidakt; er findet Anschluß bei Malerkollegen und bleibt doch allein. Sein Erfolg beginnt fast unmerklich im Jahr vor seinem Tod. In seinen letzten zwei Monaten entstehen noch etwa achtzig Gemälde. Sein Bruder, in dessen Armen er stirbt, hat ihn, obwohl er das kaum ertrug, noch bis zum Schluß finanziell unterstützt.

Wer war der Maler, der in 900 Briefen an den Bruder auch ein wunderbarer Autor war?

Es handelt sich um den Maler Vincent van Gogh, der vom 30.3.1853 bis zum 29.7.1890 lebte.

47

Seine Mutter war »eine sonderbare Frau, deren Kleider immer so aussahen, als wären sie in einem Wutanfall gezeichnet und während eines Sturms angezogen worden«. Wenn sie eine Gesellschaft betrat, stockte der Atem der britischen Ladys vor den Kaskaden ihrer weißen Seidenröcke, Tüllschleier, Schleifen, Blumen und Federn. Diese Frau hatte ihm gesagt, er sei ein Genie. Er glaubte ihr; seine Mission wurde die Schönheit. Er war klug und feinsinnig und ging aufs College mit klugen, feinsinnigen Knaben. Für seine selbstverlegten Gedichte hagelte es schlechte Rezensionen, aber sie fielen auf. Der Geschäftsführer eines amerikanischen Zeitungskonzerns lud ihn ein zu einer Vortragstournee durch die Vereinigten Staaten. Er solle einige Impulse für eine ästhetische Alphabetisierung Amerikas bringen. Er hörte, in Amerika sei es kalt. So ließ er sich einen knöchellangen lincolngrünen Mantel schneidern, mit Otter- und Seehundfellbesatz und enormen Ärmelaufschlägen. Massive Werbekampagnen kündigten ihn an. Er betrat die Bühne mit einem vampirhaften Glockencape über den Schultern gelegt, darunter trug er einen lavendelfarbenen atlasgefütterten Rock, Kniehosen, schwarze Strümpfe und Lackschuhe. Erschien er später einmal nur in Abendgarderobe, meuterte das Publikum. Seine Themen waren »Die englische Renaissance«, »Die dekorativen Künste« oder »Das schöne Haus«. Bald gab es Postkarten-Fotografien von ihm – hergestellt mittels einer »Posiermaschine«, die das Modell während der Belichtungszeit in einem Gestell fixierte. Diese Bilder ereichten eine Auflage von 85 000 Stück und waren bald begehrte Sammelobjekte. Reporter umlauerten ihn, und er sank und stieg wie ein Korken auf den Wellen der mondänen Presse. »Was den modernen Journalismus angeht, so fühle ich mich nicht berufen, ihn zu verteidigen. Er rechtfertigt seine Existenz nach dem großen Darwinschen Prinzip vom Überleben des Vulgären«, sagte er und schrieb dennoch zwischen 1887 und 1891 fast hundert anonyme Rezensionen (über Kochbücher, Lyrik, Ratgeber, Erstlingsromane) für die *Pall Mall Gazette* und nicht viel weniger für die *Court and Society Review*. Zwei Jahre lang gab er die Frauenzeitschrift *Woman's World* heraus. Damals war er schon verheiratet und hegte seine schöne Frau wie eine Blume an seiner Seite. Doch nach ihren Schwangerschaften, die er als »Erkältung« bezeichnete, herzte er zwar seine zwei Söhne, seine Frau aber hatte ihren Feenreiz verloren. Dann schlägt ihn die Liebe, ausgerechnet in Gestalt des Sohnes des neunten Marquess von Queensberry. Er verteidigt, was er für den Knaben empfindet; das bringt ihm zwei Jahre Gefängnis mit Zwangsarbeit ein. Krank und gesellschaftlich geächtet stirbt er drei Jahre nach der Entlassung mit sechsundvierzig Jahren im Pariser Exil.

Wer war der Autor, der seine *Ballade aus dem Zuchthaus zu Reading* in sechs Auflagen statt mit seinem Namen mit seiner Häftlingsnummer C.3.3 herausgab und einmal sagte: »Die Wahrheit ist nie rein und selten einfach«?

Es handelt sich um den Schriftsteller Oscar Wilde, der vom 16.10.1854 bis zum 30.11.1900 lebte.

48

Wehe, Prinzeßchen, wenn ich komme«, schrieb er der Verlobten am 2. Juni 1884, »ich küsse Dich ganz rot und füttere Dich ganz dick, und wenn Du unartig bist, wirst Du sehen, wer stärker ist, ein kleines sanftes Mädchen, das nicht ißt, oder ein großer wilder Mann, der Cocain im Leib hat.« Aufmerksam gemacht hatte ihn der Bericht eines Militärarztes, der den Stoff probeweise bei seinem letzten bayrischen Herbstmanöver eingesetzt hatte und nun erklärte, das Mittel mache »wunderbar kräftig und leistungsfähig«. Der junge Mediziner, ehrgeizig und heiratswillig, witterte ein neues »Zaubermittel« und begann, das damals wenig bekannte Alkaloid an sich selbst in seinen Auswirkungen auf Hunger, Schlaf und Ermüdung zu testen. Er beobachtete »Aufheiterung und anhaltende Euphorie«. Man fühle sich »lebensfähiger und arbeitsfähiger«. Die Depressionen des Achtundzwanzigjährigen waren dahin, seine Manneskräfte neu erstarkt. Im Extrakt aus den Kokablättern, einer uralten indianischen Naturdroge, sah er ein modernes Medikament ohne Nebenwirkungen, vielfach einsetzbar bei Herzerkrankungen, nervösen Schwächezuständen, während des Morphiumentzugs oder auch bei Seekrankheit und Verdauungsstörungen. Er machte Versuche mit kleinen Tieren, auch um die lokal betäubende Wirkung des Stoffes zu testen. Regelmäßig schickte er seiner Verlobten Döschen zur Stärkung. Vielleicht war er auf dem Weg, eine wissenschaftlich bedeutende Entdeckung zu machen, mit der endlich seine soziale Absicherung gelingen würde: »Vielleicht arbeiten schon viele andere damit, vielleicht wird es nichts. Aber das Versuchen will ich nicht unterlassen (...). Mehr als einen solchen glücklichen Wurf brauchen wir nicht, um an unsere Hauseinrichtung denken zu können.« Im Juli 1884 veröffentlicht er eine poetisch-emphatische Schrift *Über Coca*. »Verleumdungen«, denen das Mittel bereits ausgesetzt ist, weist er vehement zurück. 1886 mehren sich die Berichte über Kokainabhängigkeit von Patienten und Vergiftungserscheinungen mit Todesfolge.

Wer war der junge Pionier der Seele, der, dessen ungeachtet, mindestens zehn Jahre lang weiterhin Kokain genommen hat?

Es handelt sich um den Nervenarzt Sigmund Freud, der vom 6.5.1856 bis zum 23.9.1939 lebte.

49

Daß sie in einem Eisenbahnwagen dritter Klasse zur Welt gekommen sei, wird erzählt, als wahrscheinlicher gilt, daß sie unterwegs in einem kleinen Hotelzimmer geboren wurde. Ihre Eltern waren umherziehende Komödianten. Bereits im zarten Alter von vier Jahren stand das Mädchen vor Publikum. Mit zwölf war sie schon hundert Bühnentode gestorben. Später wird die Liebe ihres Lebens, ein jüngerer extravaganter Dichter, der mit Affen, Windhunden und Pferden lebte, dieses Kind in einem Roman sprechen lassen: »Zehn hungrige Menschen vergewaltigten meine Seele, nutzten mich als ihre Erwerbsquelle aus; die brutale Not raubte und vernichtete alle Blütenträume, die meiner zitternden Frühreife entsprossen ... Und die mich folterten, wußten nicht, was sie taten. Arme, durch Sorgen und Elend abgestumpfte Menschen.« Als ihre Mutter an Schwindsucht stirbt, übernimmt die Fünfzehnjährige deren Rollen als Liebhaberin und macht bald Karriere.

Weder war sie ein Wunderkind, noch galt sie als schön. Ein renommierter Theaterkritiker wird über die schon weltberühmte Vierunddreißigjährige schreiben: »Sie ist klein, ein bißchen plump, und ihren schweren, trägen Gebärden fehlt die Anmut. Ihre Augen sind groß und schön, aber wehmütig und verzagt. Sie haben eine flehentliche Demut, kräftige Leidenschaft kann in ihnen nicht vermutet werden. Die Nase ist klein und stumpf, wie von einem verwunderten Pierrot. Die Wangen hängen schlaff herab, ohne einen persönlichen Zug. Die Miene ist verwischt und unentschieden, als ob viele Tränen jede Besonderheit hinweggespült hätten.« Doch sie konnte werden, was sie spielte. Und ihre Hände waren Kathedralen.

Sie hat sich für ihren Dichter ruiniert, der es ihr nicht dankte. In einem jahrelangen Kampf wollte sie seine offensichtlich nicht bühnengeeigneten Dramen, die er zum Teil für sie schrieb, an den internationalen Theatern durchsetzen. Auch wenn sie vor halbleeren Sälen spielte, überwies sie ihm die Tantieme für ein ausverkauftes Haus. Sie verärgerte ihre Freunde, die sie in anderen Rollen wünschten, und verschuldete sich hoch, da sie auf der exquisitesten Ausstattung der aufwendigen Stücke bestand: auf Roben aus Samt, Brokat und Edelsteinen, auf Originalmöbeln anstatt der üblichen Pappmaché-Imitate. Er betrog die Mittvierzigerin mit einer blutjungen Adligen. Von ihm blieb der blasse Hautgout der Dekadenz; sie wurde zur Legende.

Wer war die Frau, von der Alfred Kerr sagte: »In Jahrhunderten einmal erscheint ein Mensch ihrer Gattung. Ohne Nachbarschaft leuchtet sie und verglüht«?

Es handelt sich um die Schauspielerin Eleonora Duse, die vom 3.10.1858 bis zum 21.4.1924 lebte.

50

Die Medizin ist meine gesetzliche Ehefrau, die Literatur meine Geliebte. Wenn mir die eine auf die Nerven fällt, nächtige ich bei der andern. Das ist meinetwegen unanständig, aber dafür nicht langweilig.« Das war das eine. Das andere war, daß er als Arzt kaum Geld verdiente. Seine Patienten waren arm, und er machte es sich zur (lebenslangen) Gepflogenheit, keine Honorare zu nehmen. »Die Kranken kommen zu mir gelaufen und fallen mir auf die Nerven«, schreibt er mit Understatement; den ganzen Sommer über habe er einige hundert Patienten gehabt und verdient habe er doch nichts. Für den Broterwerb war die Geliebte da. »Ich schreibe für Zeitschriften auf Bestellung, und nichts ist schlimmer, als sich zu bemühen, den Termin einzuhalten!« Abgemacht waren zwei, drei Kurzgeschichten pro Woche bei einem Limit von hundert Zeilen. Er quält sich und greift zur chirurgischen Maxime: »Die Kunst zu beschreiben besteht in der Kunst zu kürzen.« Man müsse sich vor allem »an kleine Einzelheiten halten, die man so gruppiert, daß sie beim Lesen, wenn man die Augen schließt, ein Bild ergeben«. Wie also macht man eine Mondnacht? Ganz einfach: »Du schreibst, daß auf dem Mühlenwehr der Hals einer zerbrochenen Flasche blitzt wie ein heller Stern und wie eine Kugel der schwarze Schatten eines Hundes oder Wolfs vorbeirollt.« Als der literarische Ruhm kommt, ist er irritiert: »Alles hat mich eingeladen, mich gefeiert und mir wurde unheimlich zumute, daß ich so nachlässig geschrieben habe, so mit der linken Hand. Hätte ich gewußt, daß ich so viel gelesen werde, hätte ich nicht so auf Bestellung geschrieben.« Manchmal ist er von seiner Popularität direkt enttäuscht: »Ich bin zur Mode geworden. Das schmeichelt mir, beleidigt aber mein Gefühl für Literatur.« Leicht konnte er von einem »so unbedeutenden Scheiß wie mein Stück« sprechen oder auch pauschal formulieren: »Ich habe keine Achtung vor dem, was ich schreibe, ich bin schlaff und finde mich selbst langweilig.« Als Tolstoi ihn einmal mit Tränen in den Augen lobt, erwidert er nur befangen, es seien Druckfehler im Text. Selten überkam ihn der Anflug einer Zufriedenheit: »Ich spüre, daß ich vieles bewältigt habe, daß es Stellen gibt, die nach Heu riechen, aber im Ganzen kommt etwas Merkwürdiges und nicht übermäßig Originelles heraus.« Er spuckte zehn Jahre lang Blut und starb mit vierundvierzig Jahren in einem deutschen Kurbad an Tuberkulose.

Wer war der Autor, von dem Virginia Woolf sagte: »Er ist der subtilste Analytiker menschlicher Beziehungen. Wenn wir diese ›Geschichten über fast nichts‹ lesen, weitet sich unser Horizont, und wir gewinnen einen erstaunlichen Sinn für Freiheit«?

Es handelt sich um den Schriftsteller Anton Tschechow, der vom 29.1.1860 bis zum 15.7.1904 lebte.

51

Im fremden Haus, im dunklen Zimmer wird der Zwölfjährige zum unfreiwilligen Zeugen einer brutalen Liebesszene. Als er empört und tapfer dem Mädchen zu Hilfe eilen will, beschimpft ihn das Paar und wirft ihn hinaus. Das war viel für einen zarten, verträumten, leidenschaftlich musikalischen Knaben. Bereits mit acht Jahren soll er zweihundert Volkslieder gekannt haben. Auf die Frage nach seinem Berufswunsch habe er nur »Märtyrer« geantwortet. Hingeben wollte er sich für seine Kunst. Er wurde nicht größer als einen Meter sechzig, aß ungewürzte Speisen und lehnte jedes Fleisch ab, das trotz seiner Zubereitung noch an ein Tier erinnerte. »Er war ein Kind, und das Weib war seine Angst«, erklärte später seine um gut zwanzig Jahre jüngere Frau, die auch kolportierte, er sei – mit zweiundvierzig Jahren – jungfräulich in die Ehe gegangen.

Die Zeit kam, da er Grund hatte, um die Gunst seiner Gattin zu bangen. In einer schweren Ehekrise, er war mittlerweile über fünfzig, folgt er dem Rat eines Freundes und wendet sich an den Nervenarzt Dr. Freud. Per Telegramm bittet er um einen Termin. Es ist Sommer, und obwohl Freud seine Ferien nicht unterbrechen möchte, willigt er angesichts der Berühmtheit des Patienten ein. Nachdem Ort und Zeit ausgemacht sind, sagt der jedoch per Telegramm wieder ab. Bald kommt eine neue Bitte um einen

Termin. Der wird gefunden. Und abgesagt. Das wiederholt sich einige Male, bis Freud eine letzte Möglichkeit der Konsultation vorschlägt, denn er plane eine Reise nach Sizilien. Endlich kommt das Treffen in einem Hotel im holländischen Leiden zustande. Man geht vier Stunden miteinander spazieren. Freud sagte dem Unglücklichen auf den Kopf zu, an einer starken Mutterfixierung zu leiden. Das wird für ihn die Offenbarung: Nicht nur sein frühverstorbenes Töchterchen, an dessen Seite er einst begraben werden möchte, hatte er nach seiner Mutter »Marie« genannt, nein, auch seine Frau, die ja nur mit zweitem Vornamen »Maria« hieß, rief er ausschließlich so. Immer noch liebe er seine arme tote Mutter und suche sie. Die Mutter aber sei vergrämt und leidend gewesen. Unbewußt wünsche er das auch von seiner Frau. So jedenfalls faßt diese die Kurztherapie zusammen. Nach dem Gespräch mit Freud habe er sein Unrecht begriffen und sei in neuer Liebe zu ihr entflammt. Die Ehe hält bis zu seinem Tod, wenige Monate später. Das letzte Werk, das er dirigiert, heißt: »Wiegenlied am Grab meiner Mutter«. Er stirbt am Geburtstag des unmittelbar folgenden zweiten Ehemannes seiner Frau. »Sind das Zufälle?« fragt sie.

Wer war der kompromißlose Musiker, der in der langen Agonie immer wieder klagte: »Ich habe Papier gelebt«, bevor er als letztes den Namen »Mozart« rief?

Es handelt sich um den Komponisten Gustav Mahler, der vom 7.7.1860 bis zum 18.5.1911 lebte.

52

Das Gefühl, »in sich selbst einen Dämon zu haben«, sei unangenehm, gestand er seinem Arzt. Der riet ihm, »das viele Saufen« zu lassen, und schickte ihn in ein thüringisches Kurbad. Dort saß der Gebeutelte mit Herzschmerzen und Lähmungserscheinungen in den Extremitäten und beobachtete, wie der innere Dämon sich unverdrossen äußere Gespenster schuf. Eines Morgens frühstückte er mit einem Holländer, einem alten Stammgast des Hotels. »Ich kann Sie hypnotisieren«, provozierte er ihn plötzlich. »Nein danke, das möchte ich nicht«, lehnte der andere höflich ab. »Sie werden sehen«, insistierte er und rührte eilig in einem Schälchen eine Mischung aus »etwas Senf, Pfeffer, Tabakasche und Essig« an. Dann befahl er dem Fremden kurzerhand, die Pampe zu essen, sonst werde er ihn auf der Stelle erschießen. Der Holländer stand auf und hatte am nächsten Tag das Hotel verlassen.

Den inneren Dämon vertrieb er mit Alkohol, wie ein Tagesprotokoll festhält. »Am Morgen war mir schwindelig, als ich aufstand. Schnell etwas zur Beruhigung. Klingelte nach dem Zimmerservice. Portwein, eine halbe Flasche – das half. Fühlte mich besser. Danach etwas Kaffee und ein Stück Brot. Neue Ängste. Hinaus auf die Straße, ins erste Restaurant, ein Glas, zwei Gläser – das half. Hinaus auf die Straße. Alles wird gut werden … Ich trank und trank gestern wie an allen anderen Tagen und ging völlig betäubt ins Bett.« Er wußte, daß alle Welt ihm nachstellte, und wenn er Zeitungsberichte über die Wachteljagd las, verstand er sie sofort: Man jagte ihn! Er hörte Stimmen, die sich häuften. Um nachts nicht überfallen zu werden, wachte er, trinkend.

Er ist fünfundvierzig, als er sich auf eigenen Wunsch in eine Nervenheilanstalt einweisen läßt. Und dann gelingt ihm das Wunder, in kleinen Schritten zu überleben: langsam, ohne »zu berühren«. Er sublimiert, geht auf Distanz: »nikotinfreie Zigarren – alkoholfreie Getränke – giftfreie Frauen«. Er, der durch ganz Europa nomadisierte, macht nun, um seiner Unruhe Herr zu werden, ab und an eine Taxifahrt durch die Stadt. Will er wieder einmal ruhig durchschlafen, nimmt er den Nachtzug nach Stockholm. Das Rumpeln und Dröhnen der Eisenbahnräder beruhigt ihn.

Wer war der heftige Künstler, der schon mit neunzehn sein erstes Atelier hatte, mit Anfang Zwanzig seine ersten, heute noch berühmten Skandale malte und über sechzig Jahre lang bis zu seinem Tod 1944 an einem selbsttherapeutischen Werk von Leid und Leidenschaft arbeitete?

Es handelt sich um den Maler Edvard Munch, der vom 12.12.1863 bis zum 23.1.1944 lebte.

53

Mit sechsunddreißig Jahren wollte er nicht mehr arbeiten. Hinter ihm lagen eine Habilitation und fünf akademische Berufsjahre als Professor, Zeit genug, um zu ahnen, daß es das nicht war. Er sah sich außerstande, institutionell zu unterrichten. Fachlektüre war ihm ein Graus, beim Blick in die Kolleghefte schwindelte ihn. Sein erstes Entlassungsgesuch wurde abgelehnt, immerhin erhielt er unbefristeten Urlaub. Die Melancholie gab ihm Raum. Stundenlang hockte er am Fenster und sah auf die knospenden Wipfel der Kastanien. Diese Nicht-Tätigkeit nannte er »Stumpfen«. Wenn seine Frau ihn fragte: »An was denkst Du wohl?«, antwortete er präzise: »Möglichst an nichts, wenn es gelingt.« Jede körperliche oder geistige Anstrengung konnte ihn rebellisch machen. Ließ man ihn nicht in Ruhe, bedrohte er seine Umwelt mit den Furien der Schlaflosigkeit. Solches Aussteigertum wiederum reizte seine tüchtige Frau. Sie brachte ihm einen Steinbaukasten, Freunde hatten ihr gesagt, wie anregend solch ein Spielzeug sei. Brav setzte er einige Klötzchen aufeinander, bis ihm die Hände dramatisch zitterten. Sie brachte ihm Ton, er erwies sich als begabt: Er modellierte eine Nachbildung des sterbenden Luzerner Löwen und schickte ihn seiner Mutter mit den Worten: »Von mir eine Handarbeit aus ziemlich müden Stunden, die Du vielleicht als Briefbeschwerer verwenden kannst.« Als ein erneutes Entlassungsgesuch zwei Jahre später durchkommt, weint seine Frau vor Wut. Ihm allerdings geht es schlagartig besser. Er besteigt ein Schiff nach Amerika und blüht richtig auf. Die anderen werden seekrank, er genießt die frische Meeresluft, futtert sich voll Appetit durch die ganze Speisekarte und diskutiert mit Freunden bis in die Nacht angeregt im Rauchsalon, wie seine Frau mit bitterer Skepsis beobachtet. Sie, übrigens eine bekannte Frauenrechtlerin, wird nie akzeptieren, daß sich ihr begabter Mann dem Berufsmenschentum verweigern muß. Als er sehr viele Jahre später doch noch einmal eine Professur annimmt, stirbt er prompt binnen eines Jahres an einer Lungenentzündung. Er wird sechsundfünfzig Jahre alt.

Wer war der instinktsichere Autor, der eines der wichtigsten Bücher und vielleicht das schönste über den Kapitalismus geschrieben hat?

Es handelt sich um den Soziologen Max Weber, der vom 21.4.1864 bis zum 14.6.1920 lebte.

54

Wenn ich ein Mann wäre, wäre ich homosexuell«, erklärte sie gegenüber einem verblüfften Freund. Sie war aber kein Mann, sie war eine androgyne Mutter. Ihre verschwenderische Erotik hatte etwas Rücksichtsloses wie Märchenhaftes: »Möwenatem hab ich und liebe viele Menschen.« Die bürgerlichen Reize westlicher Dekolletés und Taillen interessierten sie nicht. »Ich finde das nicht schön, überhaupt finde ich Frauenkleider nicht schön.« Und wenn sie eines trug, war es hochgeschlossen oder es erinnerte an morgenländischen Faltenwurf. Ihre Briefe zeichnete sie mit männlichen Pseudonymen, Namen, die bald als Figuren in ihre Dichtung eingingen. Zwischen ihrem Leben und ihrem Werk hat sie nicht getrennt; private Korrespondenzen verwandelten sich unter der Hand in poetische Texte. Sie liebte, wie sie schrieb, wie sie liebte. An ihr schieden sich die Geister. Rilke bellte ihr entgegen: »Schlecht, schlecht.« Kafka konnte ihre Sachen »nicht leiden«. Hingegen sagte Brecht, nachdem er sie in München gehört hatte, sie habe »gute und schlechte Gedichte gelesen, übersteigert und ungesund, aber im einzelnen wunderschön«. Karl Kraus nannte sie die »unwegsamste lyrische Erscheinung des modernen Deutschland.«

Immer war sie krank und nie hatte sie Geld. Als sie mit dreißig Jahren ihren Sohn gebiert, tut sie das unter den Augen der Studenten einer Universitätsklinik zu Unterrichtszwecken; sie kann die Kosten für die Entbindung nicht aufbringen. Später, als sie den geliebten Sohn auf ein gutes Internat schicken will, bittet sie einen befreundeten Redakteur, einen Spendenaufruf zu veröffentlichen: Dichterin »sucht tausend Mark zu Gunsten der Erziehung ihres Sohnes«. Namhafte Persönlichkeiten unterschreiben, unter ihnen Selma Lagerlöf und Arnold Schönberg. Manchmal schreibt sie Sätze wie: »Meine Spelunke ist ein langer, banger Sarg. Ich nehme schon seit Wochen Opium, dann werden Ratten Rosen.« Als der Sohn an Tuberkulose erkrankt, bettelt sie, ob sie als »Deutschlands Dichterin« eine »Preisermäßigung« für den Sanatoriumsaufenthalt des Jungen bekommen könne. Der Sohn, ein hochbegabter Maler, stirbt mit achtundzwanzig Jahren. Sie irrlichtert krank und schreibend durch die Länder. Als sie sich als alte Frau Operationen am Arm und im Mund unterziehen muß, erklärt der Arzt die Eiterherde für eine Folge von Unterernährung.

Wer war die ungeheure Dichterin, die einmal von sich sagte: »Ich bin Wasser, darum bin ich keine Frau, traurig, verheerend, frisch und immer ertrinke ich in meinem Rauschen selbst«?

Es handelt sich um die Schriftstellerin Else Lasker-Schüler, die vom 11.2.1869 bis zum 22.1.1945 lebte.

55

Am 17. Mai 1888, wenige Wochen vor seinem siebzehnten Geburtstag, bittet er seinen »lieben kleinen Großpapa« um Hilfe: »Ich mußte unbedingt eine Frau sehen, damit ich mit meiner schlechten Gewohnheit, zu masturbieren, aufhören kann, so daß Papa mir zehn Francs fürs Bordell gegeben hat, aber 1. habe ich in meiner Aufregung einen Nachttopf zerbrochen, der kostet drei Francs, und 2. konnte ich in derselben Aufregung nicht vögeln. Ich stehe jetzt wie zuvor da, nur daß ich noch mal zehn Francs brauche, um mich zu erleichtern, plus drei Francs für den Topf. Aber ich wage nicht, Papa so schnell wieder um Geld zu bitten, und ich habe gehofft, daß Du mir in dieser Situation zu Hilfe kommen wirst, die – wie Du weißt – nicht nur ungewöhnlich, sondern einmalig ist.« Ob dem Ungeschickten geholfen werden konnte, bleibt ungewiß. Denn der »liebe kleine Großpapa«, ein einflußreicher Bankier, war legendär geizig.

Der Vater des Knaben, der seinen Sohn gebeten hatte, die fragliche Gewohnheit »wenigstens vier Tage lang« zu unterlassen, war ein berühmter Professor der Hygieneforschung. Er hatte sich über die »verschiedenen Formen der Gehirnerweichung« habilitiert. Seine *Éléments d'hygiène*, ein anderes seiner vierunddreißig maßgeblichen Werke, übernimmt das Ministerium für Volksbildung als Lehrbuch. Noch zwei Generationen später wird sich

Albert Camus auf das preisgekrönte Standardwerk des weitgereisten, vornehmlich in Sozialmedizin und Berufskrankheiten engagierten Arztes stützen: *Défense de l'Europe contre la peste.*

Vom Sohn des Hygieneprofessors wird überliefert, daß er sich in zunehmendem Alter statt mit Seife mit Desinfektionsmittel wusch. Auch sei er bald nie mehr ohne Handschuhe ausgegangen und habe verschiedene exzentrische Körperrituale gepflegt. Zur täglichen Fußwaschung ließ er zwei Kannen Wasser auf 50 Grad erwärmen und brauchte dann zum Abtrocknen »etwa zwanzig dünne Handtücher mit Gerstenkornmuster aus Leinen«. Mit jedem vollzog er nur eine Tupfbewegung, aus Angst, seine Haut könne reißen. Es gibt Biographen, die davon ausgehen, der Empfindliche habe am eigenen Leib keine andere geschlechtliche Praxis kennengelernt als die, die der Vater verhindern wollte.

Wer war der Autor, der die Sache später sehr anmutig beschrieb: »Mit versagender Kraft suchte ich in mir selbst einen unbekannten und von Todesgefahr umlauerten Weg bis zu dem Augenblick, da seine natürliche Spur wie die einer Schnecke auf den Blättern des Johannisbeerstrauches entstand, der sich bis zu mir neigte«?

Es handelt sich um den Schriftsteller Marcel Proust, der vom 10.7.1871 bis zum 18.11.1922 lebte.

56

Ihre Mutter sagte: »Das Schlimmste, was einer Frau passieren kann, ist ihr erster Mann.« Früh gab sie der Mutter recht. (Auch der zweite Mann war noch schlimm. Der dritte wurde dann ein Freund.) Mutter und Tochter liebten sich. Vampirhaft saugten sie aneinander und nahmen die Männer in Kauf.

Sie hatte meerblaue Augen und kupferrotes Haar, das in bodenlangen dicken Zöpfen von ihr herabfiel. Sie war das wilde Dorfkind, das den burgundischen Akzent nie verlieren sollte. Frühmorgens schlich sie in den Wald, trank aus Quellen und studierte das Liebesspiel der Katzen. Sie war androgyn, später nannte man sie auch einen geistigen Hermaphroditen. Zeitlebens sollte sie die Aura von Frauen interessieren, ihre Haut, ihr Duft, ihr Haar. Mit fast sechzig Jahren eröffnete sie in Paris noch einen Schönheitssalon, in dem sie selbstentwickelte Produkte und Techniken zur Anwendung brachte. Finanziell unterstützt wurde sie von einigen Aktionären, unter ihnen die Prinzessin Polignac, der Pascha von Marrakesch und der Bankier Daniel Dreyfus. Eine Fotografie hält fest, wie sie im weißen Kittel ihre Kunst an ihrer mittlerweile neunzehnjährigen Tochter praktiziert. Ein anderes Bild zeigt sie im eleganten Kostüm, die Arme selbstbewußt vor einem Regal mit Kosmetika geöffnet. Später hat sie auf das Foto geschrieben: »Sind Sie für oder gegen den Nebenberuf der Schriftstellerin?« Sie hatte viele Berufe und Leidenschaften. Sie war Pantomimin, Tänzerin, Schauspielerin, Theaterkritikerin, Reporterin. Sie schrieb Drehbücher (etwa für Max Ophüls) oder ein Opernlibretto für Maurice Ravel. Sie hatte eine Kolumne für Lebensberatung, in der sie die Magersucht diskutierte und die Melancholie der vorgetäuschten Orgasmen. Als junge Frau lebte sie lange mit der Tochter des Herzogs von Morny, mit der sie auch auf der Bühne auftrat (ein Bühnenkuß beider Frauen sorgte für einen Theaterskandal), und als ältere Frau initiierte sie eine leidenschaftliche Affäre mit ihrem sechzehnjährigen Stiefsohn. Während des Zweiten Weltkriegs machte sie Rundfunksendungen für die Vereinigten Staaten. Kühn konnte sie behaupten, schreiben sei für sie »so leicht, wie wenn man ein Ei kocht«. Somerset Maugham aber erzählte, ihm gegenüber habe sie bescheiden gestanden, sie schreibe immer und immer wieder um und brauche auch schon einmal einen ganzen Monat für eine Seite. Manche ihrer Geschichten haben Proust zu Tränen gerührt; mit ihm zusammen wurde sie Grand Officier der französischen Ehrenlegion.

Am Anfang aber stand das fehlende Geld. Achtzehn Monate nach ihrer ersten Heirat, sie war zweiundzwanzig Jahre alt, habe ihr Ehemann zu ihr gesagt: »Sie sollten ein paar Erinnerungen an die Volksschule aufs Papier werfen. Und nur keine Angst vor pikanten Einzelheiten, vielleicht kann ich etwas daraus machen ... in der Kasse ist Ebbe.« Dieser Gatte, Verlegersohn und Lebemann, unterhielt eine Schar halbseidener Schreiberlinge, »Neger«, wie er sie nannte, und einen literarischen Salon aus

Mätressen. Die ersten Bücher, die sie schrieb, veröffentlichte er unter seinem Namen. Heute stehen ihre Texte in französischen Schulbüchern. Als erste Frau in Frankreich hat sie ein Staatsbegräbnis erhalten.

Wer war die genaue Autorin des rückhaltlosen Begehrens, die einmal sagte: »Du wirst immer wieder etwas Törichtes tun, doch tu es wenigstens mit Hingabe«?

Es handelt sich um die Schriftstellerin Colette, die vom 28.6.1873 bis zum 3.8.1954 lebte.

57

Ihre Feinde vermuteten, das Wort sei bei ihr Fleisch geworden. Eine »kalte Teigrolle von fabel-reptilienhafter Länge. Alles Fett, kein Nerv, keine Lebendigkeit. Von der Art der Meterwurst«, so jedenfalls charakterisierte ein unfreundlicher Literaturkritiker ihren Stil. Oder konnte sie das Fleisch ins Wort verwandeln? »Pfunde und abermals Pfunde auf ihr Skelett gepackt – nicht die wogende Sorte, sondern massives, schweres Fett. Sie intellektualisierte ihr Fett, und ihr Körper schien die mächtige Maschine zu sein, die ihre mächtige Natur als Trägerin brauchte«, so beschrieb eine ihrer intimen Freundinnen ihre ausladende Gestalt und fügte noch zärtlich hinzu: »Sie hatte das Lachen eines Beefsteaks.« Wie dem auch sei, Fett war das letzte, was ihr Probleme machte. Nicht als Wort und nicht als Substanz. Selbstbewußt liebte sie ihre Fülle und lebte zufrieden in einer erstaunlichen Körper-Geist-Harmonie: »Bücher und Essen, Essen und Bücher, beides ausgezeichnete Sachen.«

Wäre sie weniger gewesen, wäre sie weniger gewesen. Zweifellos. Zwangsläufig mußte sie mehr werden. Sie wollte »Geschichte machen«. In kindlicher Unerschütterlichkeit war sie davon überzeugt, »ein Genie« zu sein. Sie sah sich als »die einzige« ihrer Generation. Oder in anderen Worten: »Einstein war der schöpferische philosophische Geist des Jahrhunderts und ich bin der schöpferische literarische Geist des Jahrhunderts.« Sie hatte das große Glück, mit einer intelligenten Gefährtin leben zu dürfen, die das auch so sah. Die hielt ihr den Rücken frei, schrieb die Manuskripte ab, lektorierte, formulierte wohl auch mit. Wenn nötig, war sie zu Bewegungsstudien bereit: Dann mußte sie etwa immer wieder eine Kuh über ein Feld führen, und das Genie auf dem Klappstuhl notierte die Szene in sein Notizbuch. Berühmt war der regelmäßig stattfindende Pariser Salon der beiden; wer allerdings, erzählte Hemingway, dort den Namen Joyce zweimal fallenließ, wurde nicht mehr eingeladen.

Manches konnte sie wirklich genial einfach sagen. Wer war das sensible Monster, das jede Selbstbewußtseinsdiskussion entwaffnend gelöst hat mit dem Kindersatz: »Ich bin ich, weil mein kleiner Hund mich kennt«?

Es handelt sich um die Schriftstellerin Gertrude Stein, die vom 3.2.1874 bis zum 27.7.1946 lebte.

58

Als er am 13. September 1944 seinen siebzigsten Geburtstag feierte, brachte ihm der Jubeltag die Entlassung aus dem Lehrkörper der Universität von Kalifornien. Damit stand der Emigrant wieder vor dem Nichts: Nach acht Jahren des Unterrichtens sollte seine Pension 38 Dollar pro Monat betragen. Er hatte eine Frau und drei minderjährige Kinder aus seiner zweiten Ehe zu ernähren. Seiner Bewerbung um ein Stipendium der Guggenheim-Stiftung, »das mich in die Lage versetzte, meine Zeit ganz oder wenigstens zum größten Teil der Vollendung meiner Werke zu widmen«, wird nicht stattgegeben. Er war gewohnt, nicht ernst genommen zu werden. Schon früh hatte ihm Richard Strauss versichert, er »täte besser, Schnee zu schaufeln, als Notenpapier zu bekritzeln«. Doch bereits damals wußte er, was er seinen Gegnern schuldete, und formulierte paradox: »Die zweite Hälfte dieses Jahrhunderts wird durch Überschätzung schlecht machen, was die erste Hälfte durch Unterschätzung gut gelassen hat an mir.« Nur wäre er dabei fast verhungert. Kurz erwog er, nach Neuseeland auszuwandern, wo der Dollar mehr wert war, entschied sich dann aber doch, wie alle, Privatstunden zu geben.

Im Grunde war er ein Universalgenie. Er malte, er textete, und er dachte gerne nach. Er war ein Tüftler, ein Erfinder. In seinem Nachlaß ruhen Entwürfe zu einem dreidimensionalen Schachspiel, Skizzen für ein Lehrbuch über Tennis (ein Sport, dem er bis ins hohe Alter nachging) und auch Pläne für einen Umsteigefahrschein, der in allen Berliner Verkehrsmitteln gelten sollte, nebst einer fünfseitigen Begründung dieses Systems für die Berliner Verkehrs-Gesellschaft. Für Los Angeles hatte er sich eine Art Stadtautobahn ausgedacht.

Am 2. August 1946 erleidet er einen Herzinfarkt und kann nur knapp mit einer intrakardialen Adrenalininjektion gerettet werden. Niemand will ihm hinterher sagen, wie lange er ohne Herzschlag und Atmung war. Er gedachte dieses Ereignisses als seines »Todesfalls«. Und arbeitete weiter. Er hat schweres Asthma, kann, wenn überhaupt, nur noch im Sitzen schlafen. Seine Frau kommentiert: »Das einzige, was lebend an ihm war, war sein Geist. Wenn er nicht schlief, arbeitete er unausgesetzt.« Er starb im Sommer 1951. Vieles in seinem Werk ist Fragment geblieben. Bei der Vertonung von »Und trotzdem bete ich ...« bricht seine Handschrift ab.

Wer war der Moralmusiker, der einmal zu der Formulierung fand: »Wenn man sterben kann, was schwer ist, kann man auch leben«?

Es handelt sich um den Komponisten Arnold Schönberg, der vom 13.9.1874 bis zum 13.7.1951 lebte.

59

Seit dem Tod der Mutter schlief er nicht mehr. »Muß glauben, daß die Notwendigkeit des Schlafs ein Vorurteil ist, denn es geht mir nicht schlechter«, notierte er tapfer in einem Brief. Mit seinen Siamkatzen zog er sich nun in eine Fin-de-siècle-Villa in die Provinz zurück, fünfzig Kilometer westlich von Paris. Er legte einen Feengarten an: eine Kultur von Bonsai-Bäumchen und Miniaturpflanzen, durch die der kleingewachsene Mittvierziger dann wie ein Riese oder wie ein mächtiges Kind in seinem Spielzeugland schritt. Immer hatte er unter der Dürftigkeit seiner Erscheinung gelitten: ein rachitischer, infantil wirkender Mann von einem Meter achtundfünfzig mit einem unproportional riesigen Kopf. Ärzte sprachen von Ansätzen eines Wasserkopfes. Er achtete auf ausgesucht elegante Kleidung. Von Frauen hielt er sich fern, was nicht heißt, daß er intime Männerfreundschaften pflegte. Seinen fleißigen Biographen bleibt der zurückhaltende Dandy ein Rätsel. Wie konnte gerade er eines der erotischsten Werke moderner Musik schreiben?

Sein Vater, ein Schweizer Ingenieur, hatte einen mit Mineralöl geheizten Dampfkessel erfunden sowie einen Überdruck-Zweitaktmotor. Die Liebe des Sohnes für Mechanik und alles Automatenhafte mag auf diesen väterlichen Einfluß zurückgehen; seine Lust am Verspielten, an Tanz, Kostüm und Verkleidung aber kam von der schönen baskischen Mutter. Er liebte Nippes und schrillen Kitsch, vom gotischen Aschenbecher bis zum fingierten chinesischen Porzellan. Zum Schrecken seiner Freunde hängte er einen falschen Renoir auf. Er täuschte auch in der Musik. Was scheinbar wie eine Flöte klang, konnte gut ein Flageolett auf der G-Saite eines Kontrabasses sein. Der Künstler erklärte, er sei eben »artificiel par nature«. Die Aufnahme in die französische Ehrenlegion lehnte er ab.

Ab Mitte Fünfzig wirkte sich eine diffuse Störung des Gehirns – bei erhaltener Verstandeskraft – auf seine Motorik und vor allem auf das Sprachzentrum aus. Er nahm die Berichte über die weltweiten Triumphe seines Werks wahr und beobachtete den eigenen Verfall. In seinen letzten fünf Jahren konnte er die Musik, die er »im Kopf« hatte, nicht mehr aufschreiben. Er starb mit zweiundsechzig Jahren, wenige Tage nachdem ihm der Schädel geöffnet worden war.

Wer war der Komponist, der von seinem bekanntesten Stück erklärte, daß es leider »überhaupt keine Musik« enthalte und nichts sei als »Rhythmus und Orchester«?

Es handelt sich um den Komponisten Maurice Ravel, der vom 7.3.1875 bis zum 28.12.1937 lebte.

60

Ich schwärme, in meinen schönsten Stunden, für rein ästhetische Sinnlichkeit, für die Sinnlichkeit des Geistes, für den Geist, die Seele, das Gemüt überhaupt. Ich sage: trennen wir den Unterleib von der Liebe.« So lautet die Lebensmaxime des Neunzehnjährigen; im großen und ganzen sollte er ihr treu bleiben. Doch ganz ungestraft scheint sich die Liebe nicht entleiben zu lassen. Dann kann es nämlich sein, der Leib kommt zurück. Zunehmend prekär werden die Körperöffnungen, der Mund, der After, das Ohr. Der alte Mann notiert die täglich zermürbende Qual: »Beim Frühstück Mißgeschick des Steckenbleibens von dürrem gebratenem Speck in der oberen Speiseröhre, besonders unangenehm und langwierig. Neigung des Schlundes zu nervöser Kontraktion.« Er erträgt vornehmlich Suppe und weiches Ei. Seine Nahrungsaufnahme wird zur Medikamentation: »Einnahme von etwas zartem Lachsschinken zwischendurch wohltuend.« Immer wieder ist von »Schlingbeschwerden«, von der »widerwärtigen Nervosität meines Schluckapparats«, von »Schluckverhemmung« und »Schlundreiz« die Rede. Auch plagt ihn ständig »Rektal-Reizung« oder »Rektal-Jucken«, was eine »Oel-Creme, die den Verdauungstrakt schmeidigt«, lindern kann. Dann wieder ist vom »alten Lied: Querdarmverkrampfung« die Rede. Er notiert »heftige Darmentleerung durch Champagner« oder auch

»Obstipation durch den Weißtrank, beängstigend«. Und selbst aus den dunklen Windungen der Gehörgänge droht es: »Unruhige Nacht. Nässendes Ohr. Auswaschung mit Alkohol.« Dann wieder: »Reinigung der überkrusteten Trommelfelle.« Zunehmend wird ihm sein Leib unheimlich. Unter seiner linken Brust beobachtet er die Entwicklung eines sonderbaren Abszesses, »juckend, auch schmerzhaft, entzündlich. Begann als juckender Pickel, furunkelartig, verhärtete sich, wuchs, und heute entdeckte ich verdutzt im Spiegel die schwarze bewegliche Zyste.« Ein herbeigeholter Chirurg hatte »nie dergleichen gesehen«. Das Geheimnis wird auf dem Operationstisch geöffnet. »Feststellung, daß in dem Blutbeutel ein zappelndes Insekt eingeschlossen war.« Man entfernt weitere »verhärtete Haut aus Besorgnis, daß Eier vorhanden sein könnten«. Am Abend liest er – nein, nicht Kafka, sondern *Die Schwarze Spinne* von Jeremias Gotthelf.

Das Tier in sich liebte er in Gestalt des Hundes. »Mein Gemüt wird nur noch freundlich bewegt vom Anblick der Creatur, schöner Hunde, Pudel und Setter.« Seine Frau war ungleich toleranter und konnte den braunen Hundeblick durchaus von den schmelzenden Augen des Kellners Franzl unterscheiden. Verschämt kommt er ihr entgegen: »Sagte übrigens zu ihr, das Wohlgefallen an einem schönen Pudel sei nichts sehr Verschiedenes. Viel sexueller sei dies auch nicht. Was sie nicht ganz glaubte.«

Wer war der Autor, der noch im hohen Alter seufzte: »Die Sexualität – unglaublich«?

Es handelt sich um den Schriftsteller Thomas Mann, der vom 6.6.1875 bis zum 12.8.1955 lebte.

61

Meine Barthaare, auch wenn sie von mir getrennt sind, sind Götter, genau wie ich!« So schrieb es der Zweiundzwanzigjährige dem Freund an die Zimmerwand. Er meinte es ernst. Später fiel es ihm schwer, sich von seinen abgeschnittenen Fingernägeln zu trennen. Auch sie waren göttlich. Halbverhungert flüchtete der Jüngling aus Paris heim zu seinen Eltern, um dort einen wärmeren Winter zu verbringen. Nach der langen Reise warf er sich abends todmüde ins Bett, wo ihn am Morgen eine furchtbare Erkenntnis überraschte. Seine Mutter hatte seine Schuhe geputzt. Und den Mantel ausgebürstet! Sie hatte seinen Staub von Paris zerstört, den Staub, den er einen langen Weg getragen hatte. Der Sohn muß so getobt haben, daß die arme Mutter nur mit Mühe die Tränen zurückhielt. Für ihn konnten alle Dinge aufgeladen sein mit dem heiligen Fluidum ihrer Geschichte, deshalb hieß es vorsichtig sein. Er warf keine leere Streichholzschachtel fort, die treu ihren Dienst getan hatte. Im Alltag schuf das gewisse Probleme.

Selbstverständlich war es ihm unmöglich, sich von seinen alten Kleidern zu trennen. Er trug sie, bis sie rissen. Dann hängte er sie in den Schrank. Da er eine ungewöhnliche Figur hatte, war er auf maßgefertigte Anzüge angewiesen. Die Anprobe vor dem Schneider erlitt er aber als eine so peinliche Prozedur, daß er immer gleich mehrere Stücke auf einmal machen ließ, um sie dann zu den alten mottenlöchrigen in den Schrank zu hängen. Dort nahmen sie, unbenutzt, doch bald die Spuren des Gebrauchs an. Immer wieder versuchte seine Frau, Zerschlissenes wegzuwerfen, was zum Drama ausartete, wenn er es entdeckte. Einmal erwischte ein Gärtner eine Jacke, und er sah ihn damit bei der Arbeit. Das war fast das Ende ihrer Ehe. Jetzt werde er sich, klagte er laut, »in diesen häßlichen alten Mann verwandeln« (der Gärtner war zwanzig Jahre jünger als er), und er drohte, für immer fortzugehen, sollte ihm nochmals eine solche Ungeheuerlichkeit widerfahren.

Wer war der moderne Animist, dessen Frau dazu übergehen mußte, seine alten Kleider heimlich zu verbrennen und in der Asche nach den Knöpfen zu scharren, damit das Feuerresistente sie nicht verriet?

Es handelt sich um den Maler Pablo Picasso, der vom 25.10.1881 bis zum 13.4.1973 lebte.

62

Mit zweiundzwanzig Jahren lernte er sie kennen. Sie war ein neunzehnjähriges Stubenmädchen, umwerfend ungebildet und noch Jungfrau. Er hatte ein abgebrochenes Medizinstudium und (seit seinem vierzehnten Lebensjahr) eine gründliche Sozialisation in Bordellen hinter sich. Sie blieb Jungfrau, erstaunlich lange, doch schien sie lebhaft und phantasievoll gewesen zu sein. Er jedenfalls kam nach der ersten Verabredung mit ihr als ein anderer nach Hause. Ihm ruhig in die Augen sehend, hatte sie ihn mit ihrer kleinen Hand einfach mitgenommen. Es war nicht nur seine erste sexuelle Erfahrung, für die er kein Geld bezahlt hatte, es war auch seine Initiation als Schriftsteller. Dieses Mädchen wurde seine Heilige, seine Obsession, sein Studienobjekt. Als sich das ungleiche Paar wenige Monate später ins Ausland einschifft, gibt ihm niemand eine Chance. Doch die beiden werden zusammenbleiben, hungernd und verschwenderisch durch halb Europa nomadisieren, einen Sohn und eine Tochter aufziehen und nach siebenundzwanzig Jahren auch heiraten.

Sie lieben und beschimpfen sich. Seine Frau tauge »zu nichts anderem als zum Kinderkriegen und Seifenblasenspielen«, klagt er, sie wiederum nennt ihn einen »Nichtsnutz«, der nie wisse, wieviel Uhr es sei, in seinem Bett liege und kritzle. Einem Bekannten erklärt sie, ihr Mann schreibe ein Buch, aber: »Das Buch ist ein Schwein.«

Außerdem soff er unsäglich. Als sie auf der Armenstation ihre Tochter gebiert, liegt er ein paar Zimmer weiter und kuriert einen fiebrigen Rheumatismus aus, den er sich geholt hatte, weil er abends in den Rinnsteinen liegenblieb.

Mit seiner Kunst konnte sie nichts anfangen, dafür um so mehr mit seinem Körper. Was ihm letztlich wichtiger war. Auch für seine Kunst. Er fragte sie schamlos aus. Wenn Zeit zu überbrücken war, in der sie sich nicht sehen konnten, provozierte er sie zu erotischen Briefen. Manchmal reichten die Briefe nicht, um ihn von seiner alten Gewohnheit abzubringen; dann kam er wieder mit einem Tripper heim, und sie schmollte. Später erhielt er von C. G. Jung das Lob: »Höchstens des Teufels Großmutter weiß so viel von der wirklichen Psychologie einer Frau. Ich jedenfalls nicht.« Da mochte er recht haben.

Als er matt nach einer großen Darmoperation den Wunsch äußerte, seine Frau möge sich neben ihn ins Klinikbett legen, zeigten die irritierten Ärzte Unverständnis und schickten sie nach Hause. Er starb, ohne sie nochmals gesehen zu haben.

Wer war der Autor, der dem Tag, als sie sich zum ersten Mal trafen, ein Denkmal setzte und damit eine neue Epoche der Literatur begann?

Es handelt sich um den Schriftsteller James Joyce, der vom 2.2.1882 bis zum 13.1.1941 lebte.

63

Das Leben war nicht komisch. Überall lauerte Gefahr. Einer scheinbar harmlosen Eisenbahnfahrt zum Beispiel war durchaus nicht zu trauen. Man sitzt da ahnungslos in einem Abteil und weiß nicht, was der Lokführer macht. Als er wegen Filmaufnahmen zur Ufa nach Berlin reisen sollte, hatte er ein Problem. Nach komplizierten Verhandlungen sagte er zögernd zu, stellte aber die Bedingung, er reise nur, wenn er in der Lokomotive sitzen dürfe. Die Ufa konnte das klären. Kurz vor der Abfahrt schickte er ein Telegramm: Er käme nicht; er wolle doch lieber zu Hause sterben.

Auch zu Hause hockte überall der Tod. Oder die Angst vor dem Tod. Oder die Angst vor der Angst. Er war nervös, nervenschwach, ein Hypochonder. Private Einladungen waren ihm schnell ein Horror. An den mit allerlei Herrlichkeiten gedeckten Tischen fremdelte er und bat die Hausfrau um ein gekochtes Ei. Das konnte ihm behagen: niemand vor ihm hatte das Weiße, das er nun freilegte, berührt. Wie oft habe er erlebt, daß in den Küchen genäht werde, wie leicht könne da eine Nadel unbemerkt in die Speisen fallen! Er danke doch schön für so eine Mahlzeit! Auch der Händedruck war zu vermeiden. Vor feuchten Handflächen ekelte es ihn. So reichte er, wenn es nicht zu vermeiden war, den gestreckten Zeige- oder Mittelfinger zum Gruß. Er lebte vertraut mit allen kommenden

Schrecken: Sintfluten, Erdbeben, Lawinen, ja mit Menschen. Die Menschen schreckten ihn. »Und vor allem die Hunnen!« Die Ärzte verschrieben ihm »lauwarme Frottagebäder«, dann bekam er »Arsenikspritzen«, dann ließ er sich hypnotisieren. »Von meinem fünfunddreißigsten bis zu meinem siebenundvierzigsten Lebensjahr hatte ich siebenundvierzig Ärzte konsultiert. Ich suchte auch zwei namhafte Individualpsychologen auf; ich ließ nichts unversucht.« Was ihm half, sei eine Heftchenerzählung in einem Wartezimmer gewesen. Da ging es um den Frosch in der Milch, der ertrinkend so lange strampelt, bis sich Butterklümpchen bilden, über die er sich retten kann. Also beschloß er zu strampeln.

Er schrieb im Bett, abwechselnd den Inhalationsapparat gegen sein Asthma und den Bleistift in der Hand.

Wer war der von den Dämonen des Alltags verfolgte Darsteller, der an einem Rosenmontag starb und an einem Aschermittwoch beerdigt wurde, eine spindeldürre Leiche von dreiundneunzig Pfund, oder, wie es im Nachruf stand: »Der wohl magerste Engel auf der himmlischen Tanzwiese«?

Es handelt sich um den Kabarettisten Karl Valentin, der vom 4.6.1882 bis zum 9.2.1948 lebte.

64

Er konnte nicht schlafen. Nächtelang schlug er sich mit der »Arbeit des Einschlafens« herum. Dabei entwickelte er ausgeklügelte Körperstrategien: »Um möglichst schwer zu sein, was ich für das Einschlafen für gut halte, hatte ich die Arme gekreuzt und die Hände auf die Schultern gelegt, so daß ich dalag wie ein bepackter Soldat.« So zog er jede Nacht in den Krieg. Dabei war er eigentlich untauglich. Seine Physiognomie, davon war er überzeugt, erlaubte ihm das Schlafen im Grunde nicht. Sein Körper sei zu lang für seine Schwächlichkeit. Wie sollte »das schwache Herz, das mich in der letzten Zeit öfters gestochen hat, das Blut über die ganze Länge dieser Beine hin stoßen können? Bis zum Knie wäre Arbeit genug, dann aber wird es nur noch mit Greisenkraft in die kalten Unterschenkel gespült. Nun ist es aber schon wieder oben nötig, man wartet darauf, während es sich unten verzettelt.« Das war schlimm. Aber es war nicht die größte Heimsuchung für den Krieger der Nacht. Denn viel schlimmer als Nichtschlafen war, wenn das Schlafen einmal gelang: »Ich schlief nach Mitternacht ein, erwachte um fünf, eine außergewöhnliche Leistung, außergewöhnliches Glück, außerdem war ich noch schläfrig. Das Glück war aber mein Unglück, denn nun kam der nicht abzuwehrende Gedanke: soviel Glück verdienst Du nicht.« Und er imaginierte »alle Götter der Rache«. Manchmal konnte er es aber auch ganz einfach sagen: »Ich glaube, diese Schlaflosigkeit kommt nur daher, daß ich schreibe.« Schreiben aber mußte er, denn auch ein Schriftsteller, der nicht schreibt, ist ein Schriftsteller, allerdings als ein »den Irrsinn herausforderndes Unding«. Äußerste Vorsicht war geboten: Wer gut schläft, schreibt nicht gut. Auch Glücklichsein ist gefährlich. Sicherheitshalber hat er seine drei Verlobungen wieder gelöst. Die größtmögliche Innigkeit mit einer Frau bestand im stündlichen Wechseln von Briefen. Erfüllung bedrohte die Produktivität.

Aber er lernte, sich ihrer im Schlaf zu erwehren: Wenn ihn einmal die nächtliche Erlösung überfiel wie ein Feind, dann »verzehrte« schon die entsetzte Aufregung am Morgen »nicht nur den Schlafgewinn, sondern machte mich den ganzen Tag über zittrig und unruhig«.

Wer war der Autor, dessen vielleicht bekanntestes Buch damit beginnt, wie einer nach einer unruhigen Nacht aufwacht als ein ganz anderer?

Es handelt sich um den Schriftsteller Franz Kafka, der vom 3.7.1883 bis zum 3.6.1924 lebte.

65

Am liebsten spielte das Kind auf dem Friedhof. Es machte zu Hause heimlich Beute und brachte seine Schätze, Blumen, Löffel, Gabeln, auf die Gräber. Noch als alte Frau überraschten Journalisten sie zwischen den Kreuzen und Grabsteinen, wo sie eingehend mit unbekannten Toten sprach. Geboren wurde Gabrielle in einem Armenhaus. Der Vater, ein windiger Markthöker, war ständig auf Reisen, und nach einigen Jahren blieb er ganz verschwunden. Als die Mutter mit zweiunddreißig Jahren starb, hinterließ sie fünf Kinder. Gabrielle war zwölf. Sie kam in ein von Nonnen rigide geführtes Waisenhaus mit schwarzgestrichenen Türen und weißgetünchten Wänden, wo es nach Seifenlauge roch und die akkurat auf Kante gebügelte Wäsche in hohen Schränken gestapelt wurde. Gabrielle las heimlich Groschenromane und wußte, daß ihre Zukunft anders sein mußte. Das Pathos funktionaler Ästhetik und Härte aber würde sie begleiten. Sie entwickelte eine oft schon absurde Schlichtheit, die an Exzentrik grenzte. Sie war empfindlich. »Wenn mir jemand eine Blume schenkt, rieche ich die Hand, die sie gepflückt hat.« Als sie das sagte, war sie schon sehr berühmt und kommandierte beinahe dreitausend Angestellte. Von der Kreation eines Parfümherstellers, der erklärte, die abgefallenen faulenden Blüten des Magnolienbaumes würden intensiv an Pilze erinnern, war sie angetan und applaudierte: »Das riecht wie Moder, wie nasses Gras, erfrischend!« Sie war arrogant, ehrgeizig und intelligent. Instinktiv hatte sie die richtigen Affären zur richtigen Zeit. Mit einem untrüglichen Sinn für Geld und Manipulation kreierte sie Macht. Als der Mann, den sie liebte, starb, soll sie gesagt haben, für ihn werde sie die ganze Welt in Trauer kleiden. Was ihr gelang.

Wer war die manische Arbeiterin, die ihre beispiellose Karriere damit begonnen hatte, billige Strohhüte aus dem Kaufhaus zu verwandeln, und die, wie ein Zeitgenosse es sah, die Frau vernichtet – oder neu erfunden hat: »Es gibt keine Frauen mehr, alles was geblieben ist, sind von ihr entworfene Knaben«?

Es handelt sich um die Modeschöpferin Coco Chanel, die vom 19.8.1883 bis zum 10.1.1971 lebte.

66

Sein müder Vater verpackte Fische. »Er hob schwere Tonnen, und mein Herz krümmte sich wie eine türkische Brezel, wenn ich ihn diese Lasten heben und mit seinen eisigen Händen in kleinen Heringen wühlen sah.« Seine schöne Mutter betrieb unermüdlich und aussichtslos einen mickrigen Dorfladen, wo es Zucker, Gewürze und Blumen gab. »Ich schluckte meine Tränen hinunter und dachte an meine Kunst, an meine Zukunft. Von den Kerzen, die man zu Ehren des Sabbats entzündete, wurde ich erwürgt wie die Kuh im Stall meines Großvaters.« Der Großvater war Schlachter. »Und du kleine Kuh, nackt und gekreuzigt, du träumst im Himmel. Das glitzernde Messer hat dich in die Lüfte gehoben.« Offensichtlich konnte er schreiben. Doch das interessierte ihn nicht. Er wollte Maler werden, und malend blieb er den Motiven seiner Kindheit treu: der Kuh und dem Hering, dem Sabbatlicht und dem Kreuz.

Seine Pariser Kollegen nannten ihn wegen seines gestalthaften Stils ironisch »le poète«. 1914 hatte er seine erste Einzelausstellung in Berlin. Robert Delaunay erhielt eine lakonische Postkarte: »Es ist heiß. Es regnet. Sauerkraut. Die deutschen Mädchen sind ganz außerordentlich unhübsch.« Doch mittlerweile gab es immerhin einen Käufer. Und bald wurde er ein traumhaft guter Händler. Wenn sein Geld nicht für Leinwand reichte, kaufte er auf dem Flohmarkt alte Bilder und übermalte sie. Als im Ersten Weltkrieg über vierhundert seiner Werke verschwanden, kopierte er sie nach Fotografien oder aus dem Gedächtnis. Wo man ihm Routine vorwarf, reagierte er mit heiterer Gelassenheit: »Ich male gerne schlechte Bilder.« Mit vierunddreißig Jahren hielt er die Zeit für gekommen, seine Autobiographie zu verfassen. Vielleicht ahnte er, daß sein Werk im Grunde gefunden war. Er ließ die Kunst im Dorf, ein Kosmopolit, der in der Welt seiner Bilder kreiste. Seine Sprache blieb das litauische Jiddisch. Während seines amerikanischen Exils verständigte er sich mit seiner Haushälterin, indem er ihr Bildchen malte. »Ich habe dreißig Jahre gebraucht, um schlecht Französisch zu lernen, wozu soll ich jetzt mit Englisch anfangen?«

Mit siebenundneunzig Jahren starb er sehr berühmt, sehr reich und sehr geizig. Die Kinderangst vor dem Elend hat ihn nie verlassen. Vielleicht spottete er auch deshalb über seine experimentelleren Kollegen: »Sollen sie nur an ihren dreieckigen Tischen ihre quadratischen Birnen essen, bis sie satt sind!«

Wer war der Maler, der seine Biographen warnte: »Is schwer, sehr schwer, iber mich zu schreiben; muß sein: einfach und tief«?

Es handelt sich um den Maler Marc Chagall, der vom 7.7.1887 bis zum 28.3.1985 lebte.

67

Meine Absicht ist immer gewesen, von mir selbst wegzukommen, obwohl ich ganz genau wußte, daß ich mich selbst dabei benutze. Nennen Sie es ein kleines Spiel zwischen ›mir‹ und ›meiner Person‹.« In seiner Malerei kam er damit ziemlich weit. Dann aber mußte er sich immer öfter widerlegen, um nicht seinem »eigenen Geschmack zu entsprechen«. Und er glaubte nicht an die Kunst: »Als Religion ist sie nicht mal so gut wie Gott.« Also hörte er auf damit. Das Schachbrett wurde der ideale Raum für seine Lebensstrategie der Distanz. Unter extrem begrenzten Bedingungen bot es die größtmögliche Freiheit an Überraschungen. Die Gefahr, sich wiederholen zu müssen, war gebannt. »Er brauchte ein gutes Schachspiel wie ein Baby die Flasche«, sagte ein aufmerksamer Freund. Das war natürlich auch eine Sichtweise.

Er lebte einfach, ja asketisch. Ein kleines Zimmer, Tisch, Bett und Stuhl, ein Schachbrett. Wenn er ausging, bestellte er Pasta mit einem Stück Butter und Parmesankäse und ein kleines Glas roten Wein.

Er entwarf Problemschachaufgaben, spielte Fernschachpartien, bei denen die Züge im schnellsten Fall postwendend erfolgten (dennoch dauerten manche dieser Spiele Jahre), vor allem aber ging sein Ehrgeiz dahin, »ein professioneller Schachspieler zu werden«. Er begann in verschiedenen lokalen Vereinen, er trainierte auf Turnieren. Ein Jahr später, im Sommer 1924, trat er immerhin auf der Schach-Olympiade in Paris für die französische Nationalmannschaft an. Es folgten Wettkämpfe in Straßburg und Rouen. Er schlug sich achtbar, aber er war nicht genial. »Ich spiele Tag und Nacht Schach, und nichts interessiert mich so sehr, wie den richtigen Zug zu finden.« Seine junge Ehefrau hätte andere Interessen gehabt. Als er wieder eines Nachts aufgestanden war, um mit Königen zu ziehen, klebte sie ihm heimlich die Figuren auf dem Brett fest. Die Ehe dauerte wenige Wochen. Er arbeitete auch an einer neuen Form des Glücksspiels. Er wolle, erklärte er, »das Roulette zwingen, zum Schachspiel zu werden«. Das System, das er erdachte, war aber zu kompliziert, um gewinnträchtig zu sein. Nach zehn Jahren sah er ein, daß es nicht zum Schachprofi reichte.

Er überlebte durch Französischstunden, arbeitete als Kunsthändler, ab und an verkaufte er auch eigene Sachen, die er aber lieber verschenkte. Geld interessierte ihn kaum. »Wenn ich mehr Geld hätte, müßte ich Zeit darauf verwenden, mich darum zu kümmern, und das ist nicht die Art, wie ich leben möchte«, erklärte er einer Freundin, die ihm riet, das kleine entzückende von ihm entworfene Miniaturschachspiel in Serie zu geben. Als er starb, druckte die *New York Times* seinen Nachruf auf der Titelseite. Im *Figaro* erschien er in der Schachkolumne.

Wer war der Schachspieler, der das Wesen und den Zweck von Kunst neu definierte, gelassen und zufrieden im hohen Alter starb und sich als Grabspruch wünschte: »Im übrigen sind es immer die anderen, die sterben«?

Es handelt sich um den Maler Marcel Duchamp, der vom 28.7.1887 bis zum 2.10.1968 lebte.

68

Ihr »Verhältnis« sollte elf Tage dauern, in denen sie – von einem mißglückten Abendessen abgesehen – nie länger als zwanzig Minuten am Stück zusammen waren. Und doch wird die Begegnung mit ihr seine erotische Biographie prägen. Vor der gazellenschmalen Gestalt mit ihrem »hübsch geschnittenen ovalen Gesicht, betörend vollen Lippen, herrlichen Zähnen« gerät er in eine ungeahnte Ekstase, die ein neues Niveau seiner Empfindungsfähigkeit setzt. Sie ist ein Kind, in jenem Spätsommer noch keine fünfzehn Jahre alt. Rückblickend kommentiert er das Scheitern der Beziehung: »Was geschah, war unvermeidlich. Schließlich war die Episode für sie nur eine kindliche Verliebtheit, aber für mich war es der Beginn eines seelischen Reifungsprozesses, ein Greifen nach Schönheit.« Zehn Jahre später, sie ist mittlerweile verheiratet, erhält er von ihr plötzlich einen Brief. Er kann ihn nur mit beschleunigtem Puls öffnen und antwortet innig: »Stets passiert das Unerwartete, im Film wie im richtigen Leben.« Er beschwört sie, bald wieder zu schreiben, und zeichnet mit »Auf immer Dein«. Vermutlich hat sie den Brief nicht mehr erhalten, sie starb wenige Wochen später an einer Lungenentzündung.

Seine erste Frau war bei der Hochzeit siebzehn Jahre alt, seine vierte Frau mußte eigens bis zum achtzehnten Geburtstag warten, da ihr Vater seiner Tochter kaum erlaubt haben würde, einen dreiundfünfzig Jahre alten Mann zu ehelichen. Der wird durch sie immerhin noch einmal achtfacher glücklicher Vater.

Wer war der weltberühmte Mann, der lange Jahre jeden Abend zur körperlichen Ertüchtigung in sein Turntrikot stieg und im Sportclub eine Stunde »Sandsack-Training, Boxen, Ringen und Muskeltraining« betrieb – jeden Morgen hingegen einen persönlichen Fußpfleger kommen ließ mit der Begründung, »auch Geiger, Pianisten und andere Personen mit ähnlichen Berufen« bemühten »Spezialisten, die sich um ihre Finger und Hände kümmern«. Warum sollte er, »der mit seinen Füßen jedes Jahr ein fürstliches Gehalt« beziehe, »nicht die Dienste eines Fußpflegers in Anspruch nehmen«?

Es handelt sich um den Schauspieler Charlie Chaplin, der vom 16.4.1889 bis zum 25.12.1977 lebte.

69

Selbstvergessen konnte er ganze Orchesterwerke pfeifen, tonrein und fehlerfrei. Als er am 3. November 1918 bei Trento den italienischen Truppen in die Hände fiel, saß er auf einer Lafette und pfiff den zweiten Satz von Beethovens Siebter Symphonie. Die Musik war ihm die zweitbeste Erlösung. Die beste wäre der Tod gewesen, aber sosehr er sich auch in den Krieg warf, er kam davon. Der Krieg habe ihm das Leben gerettet, bemerkte er später kühl. Drei seiner Brüder waren bereits durch eigene Hand gestorben. Doch er wollte sich durch den Suizid nicht beschmutzen. Sein Vater war in vollkommener Manier gestorben: er war eingeschlafen. »Ich glaube, dieser Tod war ein ganzes Leben wert«, schwärmte er.

Er wollte sterben, weil er schuldig war; er war schuldig, weil er nicht rein war. Er war nicht rein, weil er nicht vollkommen war, er war nicht vollkommen, weil er Fehler machte: im Denken, im Leben. Außerdem war er, und das war unsagbar, homosexuell. Gegen die Niedrigkeiten des menschlichen Seins hielt er sich an die wahren Proportionen in Musik, Mathematik, Statik, in der Sprache.

Mit neunzehn studierte er Aeronautik, machte Drachenflugexperimente und erwarb ein Patent für einen verbesserten Flugzeugpropeller. Während des Kriegs hatte er Notizhefte im Tornister. Das philosophische Buch, das er daraus in den Druck bringen wollte, lehnten fünf Verlage ab. Jahre später wurde es mit Hängen und Würgen als Dissertation akzeptiert.

Daß er durch sein Erbe einer der reichsten Männer Europas war, interessierte ihn nicht. Er verschenkte das Geld. Auch daß entscheidende Philosophen auf ihn aufmerksam wurden, rührte ihn nur bedingt. Er fand sich nicht gut genug. Volksschullehrer wollte er werden. Seiner Schwester, die ihm sagte, das sei, als wolle einer mit einem Präzisionsinstrument Kisten öffnen, antwortete er: »Du erinnerst mich an einen Menschen, der aus dem geschlossenen Fenster schaut und sich die sonderbaren Bewegungen eines Passanten nicht erklären kann; er weiß nicht, welcher Sturm draußen wütet und daß dieser Mensch sich vielleicht nur mit Mühe auf den Beinen hält.« Er wird Lehrer in einem Gebirgsdorf, haust in jämmerlichen Stuben, ißt bei der ärmsten Familie. Man sieht ihn im offenen Hemd, seine Klarinette trägt er in einem alten Strumpf mit sich herum. Ein *Wörterbuch für Volksschulen* entsteht. Später arbeitet er als Klostergärtner, am liebsten an der Friedhofsmauer: »Die Toten reden nicht.« Einige Jahre ist er Professor. Doch er gibt den Ruf vorzeitig wieder auf und zieht sich in die Einsamkeit der irischen Westküste zurück.

Wer war der Philosoph, dessen im Krieg entstandenes Werk heute zu den Hauptwerken der modernen Philosophie gehört und der wußte: »Die Welt des Glücklichen ist eine andere als die des Unglücklichen«?

Es handelt sich um den Philosophen Ludwig Wittgenstein, der vom 26.4.1889 bis zum 29.4.1951 lebte.

70

Als er endlich wieder vor ihr stand, spürte sie, daß er ein anderer geworden war. Und augenblicklich fiel ihr der alte Alptraum aus Kindertagen ein: Sie sitzt am Tisch mit ihrer besten Freundin und muß zusehen, wie die sich in eine Fremde verwandelt. Doch diesmal ist es kein Traum. Ihr Mann erklärt ihr unumwunden, er habe sich verliebt, sie heiße Nancy Neele, und er wolle sich scheiden lassen. Sie wehrt sich, erinnert den Gatten an die kleine Tochter. Es dauert einige Wochen, bis sie begreift. Dann findet die Polizei ihr Auto kopfüber im Straßengraben. Die Scheinwerfer brennen, im Kofferraum liegen ihre gepackten Kleider. Die Polizei beginnt sofort eine großangelegte Suchaktion. Immerhin ist sie eine bekannte Persönlichkeit. Eine Zeitung veröffentlicht ihr Bild und setzt hundert Dollar aus. Eine andere Zeitung initiiert die »große Sonntagsjagd«. Wer einen »Bluthund« besitze, solle ihn »mitbringen«. Man findet sie weder tot noch lebendig. Schnell avanciert ihr Mann, ein Oberst, zum Hauptverdächtigen. Vielleicht hat er seine Frau umgebracht, weil sie sich der Scheidung widersetzte? Auch an Selbstmord wird gedacht. Zehn Tage vergehen.

In einem Kurort diskutieren derweil Mitglieder einer Hotelkapelle über eine Miss Neele, deren Gesicht ihnen bekannt vorkommt. Als sie sich sicher sind, wenden sie sich an die Polizei, nicht an die Presse. Ihr Mann erscheint sofort und spendiert den Hotelmusikern Silberbleistifte für ihre Diskretion. Seine Frau hatte sich unter dem Familiennamen der Rivalin im Hotel eingeschrieben. Die Sache mit dem Auto war ein Ablenkungsmanöver gewesen. Ihre Biographin wird später von einer »Hysteria Fugax« sprechen, einem Vergessen der eigenen Identität in Zuständen von Streß und Schock. Die Ehe wird geschieden.

Vier Jahre später heiratet sie einen jungen Archäologen. Er ist sechsundzwanzig Jahre alt, sie immerhin vierzig. Auf dem Standesamt manipulieren beide ihre Geburtsdaten. Die Ehe hält lang und wird ausgesprochen glücklich. Sie ist von seiner Arbeit fasziniert, er erträgt ihren furchtbaren Erfolg. Liebend gern begleitet sie ihn in die Wüste, wo sie unter allen Umständen einen gewissen Lebensstandard aufrechterhält. Sie lehrt den Camp-Koch, aus Wasserbüffelmilch Sahne zu schlagen und Eclairs herzustellen. Zum Dinner kleidet man sich um. Manchmal wünscht sie sich ein schöneres Gesicht, gesteht dann aber doch, daß ein guter Magen wichtiger sei.

Wer war die weltweit gelesene Erfolgsautorin, deren praktischer Sinn unerschütterlich war wie ihre Witterung für die Dinge zwischen Himmel und Erde?

Es handelt sich um die Schriftstellerin Agatha Christie, die vom 15.9.1890 bis zum 12.1.1976 lebte.

71

Das Leben«, sagte sie, »ist niederträchtig, qualvoll und kurz. In meinem Falle war es nur niederträchtig und qualvoll.« Als sie im Juni 1982 sechs Tage nach ihrem neunzigsten Geburtstag starb, erregte die Nachricht Verwunderung. Die meisten dachten, sie sei schon längst tot. Irgendwie war sie abgetaucht hinter die Legende ihres Werks und ihres Lebens. Man hat sie auch die »berühmteste Unbekannte ihrer Zeit« genannt.

Als sie fünf Jahre alt ist, zieht die Geliebte des Vaters bei der Familie ein. Hier lebt auch die Mutter des Vaters, eine exzentrische Frauenrechtlerin und aktive Journalistin, die ihren Sohn für genial hält. Der Vater möchte nicht, daß das Mädchen eine öffentliche Schule besucht, also wird es von der Großmutter mit der Bibel und Shakespeare unterrichtet. Sie wird die Vertraute der Kleinen und übernimmt die sehr freie, mitunter drastische Aufklärung der Heranwachsenden. Ihren Briefen legt sie komische, aber zweifellos obszöne Zeichnungen bei. Da Großmutter und Enkelin über fünfzehn Jahre zusammen in einem Bett schlafen, schließen manche Biographen eine inzestuöse Beziehung nicht aus.

Gegen den Widerstand der schwachen Mutter überredet der Vater zusammen mit der Großmutter die Siebzehnjährige zu einer Verbindung mit einem dreimal so alten Mann. Es ist ausgerechnet der Bruder der Geliebten. Der schickt die Kleine allerdings nach sechs Wochen wieder nach Hause; er ist sexuell enttäuscht. Und die sogenannte Hochzeit war sowieso nur ein privates Ritual gewesen.

Die Mutter läßt sich scheiden und nimmt ihre Tochter und die Söhne mit nach New York. Die junge Frau beginnt, Aufträge als Journalistin anzunehmen. Sie ist schön und scheu, extravagant und verschlossen. Sie liebt Männer und Frauen. Sie hat keine gezügelte Bildung, vielleicht produziert sie deshalb unerschrockene Bilder. »Ihre Gedanken gelangen nie bis zum eigentlichen Denken. Es sind Brocken von Empfindungen, zersprungene Spiegel der Lebensfreude, an denen man sich schneidet«, charakterisiert sie eine befreundete Literatin. Für das radikale Buch, das sie berühmt machen sollte, findet sie nur schwer einen Verleger. Und es wird in England wie in Amerika zunächst kein Verkaufserfolg. Fünfundzwanzig Jahre später in Deutschland, in einem schwäbischen Verlag, ist das Buch eine literarische Sensation.

Wer war die Fürstin des Monströsen mit dem sehr altmodisch empfindenden Herzen?

Es handelt sich um die Schriftstellerin Djuna Barnes, die vom 12.6.1892 bis zum 18.6.1982 lebte.

72

Er war ein schlechter Schüler, aber er hat es gut gemeint. Doch das vorgeschriebene Lernen lag ihm nicht. Daß er gerne zeichnete, quittierte der Vater mit Ignoranz, die Mutter mit Tränen der Rührung. Vom Besuch eines Gymnasiums sah man ab. Da der Vater Goldschmied und Uhrmacher war, lag es auf der Hand, den Sohn auf die Übernahme des Geschäfts vorzubereiten. So kam er mit siebzehn auf eine Handelsschule, wo er drei Jahre später ordnungsgemäß seinen Abschluß machte. An der Kunstakademie, die er aus eigenem Willen parallel besuchte, hatte er keinen Erfolg. Er galt als unbegabt. Vor allem im Umgang mit verschiedenen Materialien habe er Schwierigkeiten. Ein befreundeter Bildhauer, der ihm helfen wollte, fand ihn eines Tages blutüberströmt und voller blauer Flecken in seinem Atelier: Er hatte sich den zu bearbeitenden Stein aufs Knie gestellt und dann losgeschlagen und in tiefem Ernst immer weitergeschlagen.

Adrett, schweigsam, höflich, wird er Buchhaltergehilfe in einer Drogerie. Die Eltern sind sehr zufrieden; er will es auch sein. Doch er wird krank. Depressionen lähmen ihn, die Ärzte diagnostizieren einen Nervenzusammenbruch, es folgt noch Typhusfieber. Die Eltern verstehen die Sprache des Körpers und haben ein Einsehen. Kaum ist er gesund, schreibt er sich in einer freien Kunstschule ein. Er will Maler werden. Man kann nicht sagen, daß er sofort Erfolg gehabt hätte, aber selbst in seinen Hungerjahren bemühte er sich peinlich um geregelte Verhältnisse: »Ich hatte einen Ordnungs- und Sauberkeitsfimmel. Die Leinwände waren ordentlich weggeräumt, die Pinsel gewaschen, und ich wichste sogar den Parkettboden. Das Atelier war tadellos aufgeräumt wie eine Schiffskabine.« In der Öffentlichkeit achtete er darauf, um Himmels willen nicht als Künstler erkannt zu werden. Er pflegte den diskreten Charme des Handelsvertreters. Sein blasser Anzug war nicht teuer, aber sauber; sein Krawattenknoten saß. Und während seine Kollegen, die ihn nicht besonders ernst nahmen, grellbunte Socken trugen oder ihre ungekämmten Locken schüttelten, mit spektakulären Aktionen auf die Straßen gingen und Prügeleien provozierten, blieb er schüchtern im Hintergrund. Das Äußerste, erzählte Picasso, zu was der Scheue sich habe hinreißen lassen, war, daß er öffentlich in höflichem Ton die Parole deklamierte: »Nieder mit dem Mittelmeer!« Die Reaktion der Passanten sei freilich gleich Null gewesen. Auf die Frage seiner wütenden Kollegen, was er damit habe sagen wollen, erklärte er leise, das Mittelmeer sei die Wiege ihrer gemeinsamen Kultur und er habe damit also gesagt: »Nieder mit allem, was wir heute sind.«

Wer war der Maler, von dem ein Dichter-Freund sagte, er könne Sensibilität mit einem einzigen Punkt ausdrücken?

Es handelt sich um den Maler Joan Miró, der vom 20.4.1893 bis zum 25.12.1983 lebte.

73

Er hatte ein Problem, das er sofort löste: »Es kann keinen Gott geben, weil ich es sonst nicht aushielte, kein Gott zu sein.« Also schmückte er seine Mansardenwand mit Napoleon und dessen Schlachtplänen. Mit dem Kaiser würde er es schon aufnehmen. Manchmal hängte er sich auch Nietzsche übers Bett oder Hauptmann oder Wedekind. Und zwischen ihnen allen prangte seine eigene Gipsmaske, die er sich bereits mit siebzehn Jahren hatte abnehmen lassen. Er war zu Höherem bestimmt, das stand von Anfang an fest.

Er war größenwahnsinnig und diktatorisch. Und er stank. Schon von Kind an hatte er es abgelehnt, sich zu waschen, ein Charakterzug, den er zeitlebens beibehalten sollte. Seine erste Frau mußte ihm unter Protest mit Wasser und Seife an Hals und Ohren gehen. Die Ehe hielt nicht lange. Aber er bewahrte sich seine auratische Dunstglocke. »Der Gestank seines ungewaschenen Körpers«, erzählte ein Mitarbeiter noch dreißig Jahre später, »machte es jedem zur Qual, neben ihm sitzen zu müssen.« Und nie vergessen werde er »sein preußisches Feldwebelgebrüll: Sitzung! Oft fanden mehrere Sitzungen am Tag statt.«

Fraglos war er ein Genie, doch dazu hatte er noch die geniale Gabe, Menschen an sich zu binden und für sich arbeiten zu lassen. Jeder schien zu spüren, daß er der Bessere war und daß es einen höheren Sinn machte, für ihn, den einzigen, der bliebe, dazusein. Damit die Machtverhältnisse klar waren, änderte er, sobald Menschen, die er brauchen konnte, in seinen Wirkungskreis kamen, deren Namen. Meist verkürzte er ihn zu einer Silbe. Seine Assistentin etwa nannte er »Muck«, das kam daher, weil sie immer aufmuckte, wenn er ihr bei der Arbeit mit der Hand unter den Rock fuhr. Er aß wenig, trank mehr und hurte furchtbar herum.

Irgendwie schien er doch an seine göttliche Unsterblichkeit geglaubt zu haben, denn nichts fürchtete er so sehr wie den Scheintod. Testamentarisch legte er fest, daß sein Herz vor dem Begräbnis mit einem Stilett durchstochen werden solle. Was geschah. Ja, und dann fürchtete er noch die Würmer. Also bestand er darauf, in einem Zinksarg zu ruhen.

Wer war der gottlose Prophet einer neuen Welt und unsterbliche Lyriker, der schon als Jüngling sagte: »Ich muß berühmt werden, damit ich den Menschen zeigen kann, wie sie wirklich sind«?

Es handelt sich um den Schriftsteller Bertolt Brecht, der vom 10.2.1898 bis zum 14.8.1956 lebte.

74

Er war ein dickes, enttäuschtes Kind. Sein Leben lang. Die Mutter liebte rigide und fraß ihr Nesthäkchen auf in katholischem Furor. Allabendlich saß der Knabe am Fußende ihres Bettes und gab minutiös Auskunft über die Stunden seines Tags. Unerbittlich rituell fragte sie die letzte Intimität ab. Noch als alter Mann erinnert er sich an diese »abenteuerliche Beichte«, die er bis in die frühen Mannesjahre abzulegen pflegte, als er schon zur Arbeit nach London fuhr. Spätestens nach dem frühen Tod des Vaters (er war ein rechtschaffener kleiner Gemüsehändler) wuchs der Einfluß der Mutter zur Übermacht. Sie wurde zur allzeit bereiten Gesellschafterin eines Knaben, der keine Freunde haben sollte. Frauen blieben ihm ein Geheimnis. Was eine Menstruation ist, mußte ihm dann einer seiner Mitarbeiter erklären: der siebenundzwanzigjährige Teamchef hatte die Entschuldigung einer Angestellten nicht verstanden. Sexualität war etwas Dunkles, das alle anderen dauernd im verborgenen trieben. Er aß lieber. Und war sich im Prinzip der Sublimierung bewußt. Rein war seine Liebe zur einfachen Kartoffel, ein schönes Vermächtnis des Vaters, gekocht, gebacken, gebraten, doppelt aufgebraten, im Alter dann zahnlos als Brei. Als er nach Amerika kam, realisierte der amerikanische Traum sich ihm sofort kulinarisch als Eis und Steak. Bei seinem ersten Interview erklärte er dem erfreuten Reporter, daß er schon morgens Vanilleeis mit Brandy zu sich nehme. Bis zum Ende des Interviews hatte er drei doppelte Steaks und drei Portionen Eis verspeist. Niemals bewegte er sich ohne Grund. Sport betreibe er nur oberhalb des Halses, erklärte er. Er war ein Augenmensch.

Der Stachel seiner Inspiration war Schuld. »So machen wir's mit ungezogenen kleinen Jungen« wünschte er sich als Spruch auf seinem Grabstein. Wie es ein ungezogener kleiner Junge mit der Welt macht, hatte er mit ungeheurer Präzision gezeigt. Die letzten Vertrauten, die seinen Hang zum Sadismus kannten, fürchteten seine kindliche Zärtlichkeit, gepaart mit seniler Obszönität. Manchmal zog er die Anzeige der Requiem-Messe für seine Mutter hervor und weinte. Er hinterließ ein Millionenvermögen, das auch Anteile an Ölquellen in vier Staaten der USA und an Gasquellen in Kanada umfaßte, sowie 2250 Stück Vieh, achtundachtzig Kisten wertvollsten Weines und gut zwei Dutzend Kunstwerke (darunter Arbeiten von Dubuffet, Klee, Dalí, Rodin).

Wer war das Genie der Angst, das zuletzt stammelnd klagte, niemand habe sich je wirklich für ihn interessiert?

Es handelt sich um den Regisseur Alfred Hitchcock, der vom 13.8.1899 bis zum 29.4.1980 lebte.

75

Im Zweifelsfall sprach seine Mutter über Abführmittel. Im Zweifelsfall waren Abführmittel für alles gut. Die Mutter mischte sie eigens nach Hausrezepten aus den Südstaaten und steigerte ihre Wirkung durch afrikanische Zutaten. Sie reinigten. Sie waren die materialisierte katholische Absolution und der abwehrende Sud aus Voodoo-Küchen zugleich. Abführmittel gingen in die Tiefe. Wer sagte, daß die Seele nicht im Magen begann? Vielleicht waren Abführmittel das letzte Manna der Mutterliebe. Jedenfalls war er zeitlebens süchtig danach. Und seine Verdauung blieb ihm ein andauerndes Thema und ein steter Anlaß zur Freude, die er, denn er war eigentlich ein glücklicher Mensch, gern ausführlich mit anderen teilte.

Später nahm er Markenpräparate, sie hießen »Scott's Emulsion«, das er flaschenweise auch gegen Heiserkeit schluckte, oder »Pluto Water«, das ihn so faszinierte, daß er seine Briefe mit »Herzliches Pluto Water« signierte. Sein absoluter Favorit aber wurde »Swiss Kriss«, ein Pflanzenpräparat, das er in dreifacher Dosis, morgens, mittags und abends, nahm und das ihn so euphorisierte, daß er immer Probepäckchen mit sich führte, um sie seinen Musikerkollegen und Freunden, den Journalisten oder Fotografen, ja auch manchem Diplomaten oder Staatsoberhaupt bei Gelegenheit aufmunternd zuzustecken. Er schrieb Flugblätter, auf denen er mit missionarischem

Eifer die purifizierende Wirkung des Mittels predigte: »Zur Schlafenszeit: Ihre erste Dosis sollte stark sein, damit sie sofort durchschlagend wirkt und der Spaß losgeht. Nachdem Sie die Überraschung überwunden haben, werden Sie sehr glücklich sein.« Für die erste Woche rät er, Swiss Kriss gleich eßlöffelweise zu schlucken. Den Gedanken, daß anderen Menschen ausufernde Diskussionen ihrer Darmfunktion unangenehm sein könnten, verstand er nicht. Die Lust der Verdauung wurde schließlich seine Art Markenzeichen. Er ließ Postkarten drucken, später Briefpapierbögen, auf denen eine Schlüssellochkontur Einblick gewährt zu einer Toilettenschüssel, auf der er mit heruntergelassener Hose sitzt und von dort aus schräg nach oben in die Kamera strahlt. Dazu sein Motto in dicken Lettern: »Leave it all behind you«. Kritiker, die sagten, mit so einem Bild mache er sich nicht nur über die Schwarzen lustig, sondern auch über seine eigene Musik, fand er ziemlich humorlos. Er konnte lachen. Ja, er lachte unglaublich, vielleicht lachte er monströs. Mag sein, manches Lachen war ein Aufschrei.

Wer war der besessene Autodidakt, der die Musik seiner Zeit grundlegend verändert hat und der an zwei Takten aus seiner Trompete oder einem einzigen ausgesungenen Ton sofort blind zu erkennen war?

Es handelt sich um den Trompeter Louis Armstrong, der vom 4.8.1901 bis zum 6.7.1971 lebte.

76

Er besaß den unermeßlichen Erfahrungshunger eines Perfektionisten. Nicht daß er etwas gegen das Leben gehabt hätte, aber der Selbstmord interessierte ihn. Als ein Erlebnis. Schlaftabletten kämen natürlich nicht in Frage, da schliefe man ja nur ein. Auch das simple Aufschneiden der Pulsadern sei nicht weiter zu erwägen. Mutig hingegen schien ihm das Aufschlitzen der Kehle mit einem Küchenmesser »von einem Ohr zum andern«, denn das hieße wirklich, »die Dinge in die Hand zu nehmen«. Auch ein »schönes starkes Seil um den Hals« hätte etwas Anziehendes. Am Faszinierendsten aber war für ihn die Selbstverbrennung. Monatelang nervte er seine Frau mit Schilderungen, wie er sich morgens um vier auf dem Bürgersteig vor seinem Atelier mit Benzin übergießen wolle, bis die Gattin schließlich ausrief, dann solle er das eben tun oder den Mund halten! Daraufhin schwieg er. Denn das wirklich Schlimme am Sterben war, daß man es nur einmal konnte.

Seine Arbeiten waren Ausdruck von Selbstzweifel. Und er zweifelte an der darstellenden Kunst überhaupt. »Wenn ich in den Louvre gehe und anstatt der Gemälde und Skulpturen die Menschen betrachte, kann ich die Kunstwerke gar nicht mehr ansehen und muß gehen.« Solche Anwandlungen überkamen ihn auch im Atelier. Denn gemessen an dem, wie er seine Modelle sah, fand er das, was er mit seinen Händen erreichte, miserabel. Aber morgen würde er es besser machen! Also zerriß er Zeichnungen, übermalte fast fertige Bilder, zerschlug Skulpturen. Manches konnte sein Bruder, ein hervorragender Kunsthandwerker, im letzten Augenblick noch retten.

Einem seiner Lieblingsmodelle, das er 1960 als Prostituierte kennengelernt hatte, kaufte er ein kleines Stück des perfekten Körpers ab: die schmale Partie über der Ferse, wo der Fuß rechts und links der Achillessehne zwei Grübchen bildet, sollte nur ihm allein gehören. Nach Verhandlungen bezahlte er tausend Dollar.

Er rauchte achtzig Zigaretten am Tag und starb mit fünfundsechzig Jahren an einer Herzmuskelentzündung infolge einer chronischen Bronchitis. Seine letzten Worte waren: »A demain« – bis morgen.

Wer war der unermüdliche Optimist, der argumentierte: »Es gibt immer Fortschritte, selbst wenn die Dinge ganz schlecht stehen, denn du mußt dann nicht alle negativen Dinge nochmals wiederholen, die du schon gemacht hast«?

Es handelt sich um den Bildhauer und Maler Alberto Giacometti, der vom 10.10.1901 bis zum 11.1.1966 lebte.

77

Sein Vater war ein brutaler Schläger, der seine Kinder als Arbeitssklaven hielt. Schutz fand der Kleine höchstens beim nächstälteren Bruder, der die Prügel besser wegsteckte und den Wimmernden mit in sein Bett nahm. Manchmal, wenn der Junge allein war, schlich er ins Schlafzimmer der Eltern, zog sorgsam die Kleider der Mutter an, schminkte sich wie sie, stand lange vor dem Spiegel. Und lächelte: Nun war er die Mutter, schön, zuversichtlich, verläßlich. Als Kind half er sich, indem er in Rollen schlüpfte, bis er ein anderes Medium erfand, mit dem er durchspielte, was er brauchte. Sein Thema, um das er in abenteuerlichen Varianten kreiste, war die Heiligkeit der Familie, die keusche, die heitere Kindheit. Als Pubertierender hatte er die Entdeckung gemacht, daß für ihn keine Geburtsurkunde existierte. Vielleicht also war er ein adoptiertes Kind oder ein unehelicher Balg. Sein Projekt wurde die Suche nach wahren Eltern, nach Ländern wahrer Kindheit.

Er war begabt und penibel bis zur Besessenheit. Zusammen mit seinem Lieblingsbruder gelang es ihm sehr schnell, ein Imperium zu errichten, in dem er seine hochqualifizierten Angestellten autoritär führte, schlecht bezahlte und bespitzelte. Er wurde ein Patriarch. Seine Familie war seine Firma. Alkohol war verboten. (Nur er soff.) Keiner durfte einen Bart tragen. (Nur er pflegte seinen Schnauzer.) Sex unter Mitarbeitern galt als sofortiger Kündigungsgrund. (Er war ein treuer Gatte und meist impotent.) Nach acht Jahren Ehe und einigen Prozeduren, wie Leberextrakt-Injektionen in die Schilddrüse oder auch Eispackungen im Genitalbereich, gelang ihm zu seinem Schrecken tatsächlich eine Zeugung. Während seine Frau die wachsende Leibesfülle genoß, wurde die Schwangerschaft für ihn zur Krankengeschichte. Er schlief nicht mehr, sein chronischer Husten schwoll an, er litt unter massiven Gesichts- und Augenzuckungen, er rauchte, er trank, er litt fürchterlich. Mehrmals in der Stunde wusch er sich die Hände.

Ein zweites Kind schaffte er nicht. Als ihm seine Frau mit der Scheidung drohte, was ihn gesellschaftlich geächtet hätte, willigte er in die Adoption ein. Die zweite Tochter wurde als leibliches Kind ausgegeben. Ihr wurde er Vater und Mutter zugleich. Mindestens. Bei ihrer Heirat brach er weinend zusammen.

Wer war der Mann, der nie Kind sein durfte und mit dem eine neue Epoche der Kindheit begann?

Es handelt sich um den Filmmogul Walt Disney, der vom 5.12.1901 bis zum 15.12.1966 lebte.

78

Kein Wunder, daß man uns so viel Geld bezahlt«, konnte sie auf einem Flugplatz erklären, »sieh nur, wie viele häßliche Menschen es auf der Welt gibt.« Am furchtbarsten schienen ihr Füße und Hände zu sein, wobei sich Füße noch verstecken ließen. Verlangte eine Szene die Füße unbedingt nackt, konnte man sie mit Seidenstrümpfen verhüllen oder mit Goldfarbe und Fesselschmuck veredeln. Hände aber mußte eine Schauspielerin exponieren, selbst wenn sie, wie in ihrem Fall, an die Extremitäten einer Bäuerin erinnern mochten. Sie waren das erste, was sie auf Fotografien retuschierte: Länger und glatter sollten die Finger erscheinen. In Paris endlich fand sie einen Handschuh-Künstler, der, so erzählt die Tochter, »mit Koffern voller seidenpapierdünnem Leder« ankam. »Von jedem Tier, das dem Menschen bekannt war, und wie es aussah auch einigen, die ihm nicht bekannt waren.« Über dem unvollkommenen Fleisch steckte er die exotische Haut mit den dünnsten Nadeln ab, zog und glättete, steckte neu und trieb dies fort, bis nicht mehr die geringste Blase zu sehen war und die ungeliebten Hände dalagen, »als seien sie mit farbigem Honig übergossen«. Doch versprach die Prozedur nicht die letzte Perfektion. So wurde der Meister angehalten, ihre Hände in Gips zu gießen und an den Modellen zu arbeiten. Als das erste Paar fertig war, benötigte sie zwanzig Minuten, bis es übergestreift war.

Die nach starren Gipsabgüssen gearbeiteten Häute ließen den lebendigen Gliedmaßen keinen Bewegungsspielraum mehr. Die prominente Kundin brach aus in ein fasziniertes Lachen und mußte – wie immer, wenn sie heftig lachte – sofort auf die Toilette. Hier bereitete der Gelösten der Reißverschluß unlösbare Probleme. Sie japste nach der Tochter. Und orderte sogleich fünfzig Paar Perfektion, von schwarz über beige, grau und perlmutt bis weiß.

Welche androgyne Schönheit mußte ihre Hände nun nicht mehr retuschieren, brauchte aber ab und an Hilfe, wo viele häßliche Menschen auf der Welt keine benötigen?

Es handelt sich um die Schauspielerin Marlene Dietrich, die vom 27.12.1901 bis zum 6.5.1992 lebte.

79

Sie liebte um ihr Leben. Sie brauchte den erotischen Reflex, um dazusein. Sie habe, konnte sie lakonisch bemerken, drei Viertel ihres Lebens im Bett verbracht. Es waren verschiedene Betten. Manchmal kam es vor, daß sie dem Ehemann Luminal in den Tee gab, um eine ungestörte Nacht mit ihrem Liebhaber zu verbringen. Wenn sie morgens wieder zu Hause erschien, wachte der Gatte gerade auf, hatte einen Kater und keine Ahnung. Zu behaupten, sie habe ein Doppelleben geführt, wäre Understatement. Drei Leben auf einmal waren das mindeste. Meist wußten ihre verschiedenen Männer nichts voneinander, das erhöhte den Reiz. Es gab auch Frauen. Sie log in aller Unschuld, sie spielte die phantastischsten Rollen, weil sie niemanden verletzen und alle glücklich machen wollte.

Zuerst hatte sie ihren Vater glücklich gemacht: »Wie er mich immer wieder fotografiert hatte. Er machte gern Fotos von mir im Bad. Er wollte immer, daß ich nackt war.« Auch die Mutter hatte sie glücklich gemacht, denn als der Vater, ein sensibler Konzertpianist, der zu Hause prügelte und weiße Mäuse beobachtete, die Familie verlassen hatte, war sie es, die das Ehebett teilen mußte. Als sie nach ihrer Hochzeit die Mutter mit ihrem Ehemann besuchte, brach die in Tränen aus, weil ihr Kind nun mit einem anderen ins Bett ging. »Ich erinnere mich nicht, was ich gefühlt habe, als ich mit meiner Mutter schlief«, bemerkte die Tochter später. Vielleicht war das besser so. Die Liebesnächte mit dem Vater vergaß sie nicht. Sie ist gerade dreißig geworden, als sie den Briefkontakt mit ihrem Erzeuger wieder aufnimmt. Die beiden treffen sich und verbringen neun Tage in einem Hotel miteinander. Der Vater spricht später von der »außerordentlich intimen Kommunion unserer verletzten Seelen«.

Schwer zu sagen, warum sie sich auf den Inzest eingelassen hat. Manchmal hat sie ihn als eine Art Racheakt interpretiert. Sie hat sich den Vater genommen, ihn, der »meine Kindheit brandmarkte und mich verfolgt hat«. Sie arbeitete als Tänzerin, als Modell, aber auch als Psychoanalytikerin. Gelebt hat sie immer vom Geld ihres Gatten. Von Herzen gern finanzierte sie dabei all ihre anderen Männer. Sie liebte basisdemokratisch und zahlte für Clochards und Dichter; für manches Werk hat sie die Druckkosten organisiert. Als sie starb, erschienen in Los Angeles und in New York Todesanzeigen von zwei verschiedenen Ehemännern; es gab auch zwei Trauerfeiern. Ihre Asche wurde aus einem Hubschrauber über dem Pazifik verstreut.

Wer war die Autorin des Intimen, die mit ihrem ganzen Leben Literatur schrieb?

Es handelt sich um die Schriftstellerin Anaïs Nin, die vom 21.2.1903 bis zum 14.1.1977 lebte.

80

Er versuchte, Kirschen zum Verwechseln echt zu malen. Sein Untergrund war eine alte Holztür. Als er bemerkte, daß die gemalten Kirschen Wurmlöcher aufwiesen, die den Wurmlöchern der wirklichen Kirschen glichen, nahm er eine Haarnadel und operierte sorgsam aus den gemalten Kirschen die Holzwürmer heraus, um sie in das Fruchtfleisch der echten Kirschen zu implantieren. Vielleicht hat er das auch nur so erzählt, aber es gibt Geschichten, die sind wahrer als das Leben.

Ziemlich schnell ging er dazu über, nicht mehr sein Obst zu malen, sondern sein Begehren. Der artistische Stachel mit den Würmern blieb. Wo steckte seine Libido? Jedenfalls war sie auf der Leinwand überzeugender. Bis zu seinem zwanzigsten Lebensjahr sei er, sagt er, impotent gewesen, und er habe nie mit einer andern Frau geschlafen als mit der seinen. Diese Russin war ungewöhnlich genug. Als sie ihn das erste Mal sah – sie war noch die Gattin eines anderen und die Muse vieler – fand sie, er habe die »Aalglätte eines professionellen argentinischen Tangotänzers«. Dabei hatte er allerlei versucht, um ihr bei dem ersten Treffen am Strand zu imponieren. Erst malte er sich die rasierten Achselhöhlen mit hellem Waschblau aus, doch als die Farbe mit seinem Schweiß verlief, fand er, getrocknetes Blut wirke erotischer, und rasierte sie nochmals, allerdings so, daß er sich dabei schnitt, um den gewünschten Farbeffekt zu bekommen. Für ein stimulierendes Parfum kochte er Fischleim in Wasser mit einer Handvoll Ziegendung, ließ die Pampe abkühlen und gelieren und rieb sich damit den Körper ein. Er fand sich perfekt, entschied sich dennoch wieder um. Am Schluß blieben Pomade, eine Perlenkette und die feuerrote Geranie hinter dem Ohr.

Lag es am strengen Juristen-Vater, daß der Sohn sexuell so schlingerte? Immerhin hatte der zur Abschreckung vor zufälligem Verkehr ein Buch mit Fotografien von deformierten Geschlechtsorganen auf dem Klavier liegen. War die Mutter schuld, die noch den Pubertierenden nackt neben sich im Bett liegen ließ? Hat ihn seine jüngere Schwester erotisch irritiert? In einem Poem schwärmte er von ihrem blutenden After und seinem »Schwanz, der elegant an einer riesigen Lyra lehnt«. Vielleicht war er einfach so, wie er eben war: ein hübscher aufgeweckter Junge mit homosexuellen Neigungen, der Gold und Kot verwechselte und bis zum neunten Lebensjahr die Lust zelebrierte, den Stuhl zurückzuhalten, um dann im letzten, lange hinausgezögerten Moment dieses kostbare Gut in eine Schublade zu setzen, auf eine Teppichecke, ja in eine Zuckerdose.

Wer war der erotisch komplizierte Maler, der sagte: »Das Sperma besitzt engelhafte Kräfte, weil es das Behältnis der nicht empfangenen Wesen ist«?

Es handelt sich um den Maler Salvador Dalí, der vom 11.5.1904 bis zum 23.1.1989 lebte.

81

Nachdem der liebende Großvater dem lockigen Wunderkind die Haare hatte abschneiden lassen, war er selbst unangenehm berührt. Statt eines Engelchens saß vor ihm auf einmal eine rasierte Kröte. Die Mutter schloß sich ins Zimmer ein und weinte. Der liebesverwöhnte Junge war nur kurz irritiert. Er hatte viel vor. Zunächst durchstreunt er als Übermensch seinen Knabenalltag und erklärt bald einem verblüfften Freund: »Ich will derjenige sein, der am meisten weiß.« So wird er Lehrer in der Provinz. Noch nicht dreißigjährig stürzt ihn der beginnende Haarausfall in eine Persönlichkeitskrise: Es war »für mich ein symbolisches Desaster«. Hübscher wurde der gerade einen Meter siebenundfünfzig große Mann nicht, auch wenn er sich nun intensiv mit Bodenturnen oder am Stufenbarren und vor allem als Boxer trainierte. Auch seine Schüler unterrichtete er in der Kunst von linkem Uppercut oder rechtem Haken, damit er Sparringspartner habe.

Er arbeitete an seinem Roman *Melancholia* und konnte das Manuskript durch persönliche Beziehungen beim dritten Versuch auch unterbringen. Das Buch erwies sich als ein Erfolg mit Millionenauflagen, allerdings hatte der Verleger einen originelleren Titel finden müssen. Der Autor wurde reich, was seinem Hang zum Größenwahn entgegenkam. Nun konnte er Geld ausgeben: »Nicht um etwas zu kaufen, sondern um diese monetäre Energie explodieren zu lassen, sie mir gewissermaßen vom Hals zu schaffen und weit von mir wegzuschleudern wie eine Handgranate.« Konkret sah das so aus, daß er sich Scheine in die Taschen stopfte und sie bündelweise auf die Restauranttische warf. Er bezahlte immer für alle. Er blieb ledig, aber er baute an einem familiären Netz von Abhängigen. Als ein neuer Sekretär schüchtern den Vorschlag machte, daß es hinsichtlich der abzugebenden Einkommensteuererklärung vielleicht sinnvoll wäre, eine Gesellschaft zu gründen, fand er einen solchen Gedanken absurd. Er lebte aus dem vollen in einer schwindelnden Mischung von Großzügigkeit und absolutem finanziellen Desinteresse. »Es gibt«, sagte er, »so etwas wie eine Vergänglichkeit des Geldes, die ich liebe: ich liebe es, es mir durch die Finger rinnen und verschwinden zu sehen. Es muß in ungreifbaren Feuerwerken davonstieben. Zum Beispiel an einem Abend.«

Auch sich selbst gab er mit vollen Händen aus. Um besser und schneller denken und schreiben zu können, nahm er unverantwortliche Mengen von chemischen Aufputschmitteln, unterstützt durch Kaffee und Zigaretten. Um seinen Schlaf zu sichern, schluckte er die entsprechenden Mengen an Schlafmitteln. Der Whiskey half in beiden Phasen.

Wer war der maßlose Autor, der bis ins hohe Alter mit klösterlicher Disziplin seinem täglichen lebensnotwendigen Arbeitspensum nachkam?

Es handelt sich um den Philosophen Jean-Paul Sartre, der vom 21.6.1905 bis zum 15.4.1980 lebte.

82

Irgendwie spielte sie nicht mit. Sie war ein Star, aber sie zeigte sich so gut wie nie auf Gesellschaften. Schon gar nicht hätte man sie in einem Nachtclub antreffen können. An Drehtagen war sie abends um sieben Uhr im Bett. Auch wenn sie freihatte, wurde es nie später als neun Uhr. Morgens stand sie leicht um fünf Uhr auf, manchmal auch um sechs. Sie liebte das frühe Licht, sie war allen Ernstes ein Naturkind. Ein Naturkind in Hollywood. Sie machte eine strahlende Karriere, aber auf die Frage, ob sie glücklich sei, antwortete sie: »Wer ist schon glücklich? Niemand, der Filme macht, kann glücklich sein.« Von ihrem spartanisch eingerichteten Schlafzimmer aus (das Wohnzimmer benutzte sie nicht) sprach sie mit einem abgestorbenen Baum im Hinterhof. Der Baum war ihr Freund. Blätterlos erinnerte er sie an den Winter, und sie konnte sich einbilden, daß bald Schnee fallen würde. Schnee war der Traum ihrer Heimat.

Im Sommer 1931 nahm sie eine Geliebte, eine androgyne spanische Schönheit mit weißem Teint und umschatteten tiefen Augen, für sechs Wochen in die Berge der Sierra Nevada. Die einsame Blockhütte, in der sie wohnten, stand auf einer Insel im Silver Lake. Sie ruderte hinüber wie ein Fischer. Und später sprang sie nackt, mit dem Ausruf »Wir müssen sofort getauft werden!« kopfüber ins Wasser. Sie schwamm hinaus, als sei sie in den Wellen geboren. Barfuß kletterte sie ungestüm über die Felsen, ein wildes, spindeldürres Kind von siebenundzwanzig Jahren, das die benachbarten Holzfäller für ein Schulmädchen in den Sommerferien hielten. Damals war sie bereits weltberühmt. Bald sollte ihre Geliebte auch ausgerechnet ihrer großen Rivalin zu Füßen liegen und in einem Brief über die Vorgängerin sagen, sie sei nur ein »Dienstmädchen« gewesen, »mit einem Gesicht, das Gott berührt hat«.

Für sie war Gott so ziemlich das Gegenteil von Hollywood. Die singenden Nachtigallen seien Gott. Und: »Wenn Gott Gott ist, dann kann es keine Trennung zwischen seinen Kreaturen geben. Und mit ›Kreaturen‹ meine ich Bäume, Felsen, Tiere, Insekten, genauso wie Menschen.« Ihr Argwohn gegen die kreaturfernen Menschen wuchs. Bald soll sie Zuckerstückchen gezählt haben, aus Angst, man bestehle sie.

Wer war die legendäre Schauspielerin, die 1990 in New York starb, sich aber schon seit 1941 aus dem Filmgeschäft zurückgezogen hatte?

Es handelt sich um die Schauspielerin Greta Garbo, die vom 18.9.1905 bis zum 14.4.1990 lebte.

83

Das französische Wort »douceur« kostete ihn eine Flasche Whiskey. Denn im Englischen gab es ein solches Abstraktum nicht. Ein Freund, der nachts noch Licht in seinem Zimmer sah, fand ihn reglos im Sessel, ein leeres Glas in der schlaffen Hand. »Mozart«, sagte er nur, er habe seine Entsprechung für »douceur« gefunden. Er würde es mit »Mozart« übersetzen. Bei dem Adjektiv »zart« schwinge im Deutschen Süße mit. Und Mozart sei für ihn süß. Als er wieder nüchtern war, gab er das Projekt, Rimbauds Gedicht *Barbare* ins Englische zu bringen, dann doch auf.

Die Lethargie des jungen Mannes war provokant. Seine blauen Augen wirkten abwesend, er bewegte sich kaum; wenn er sprach, klang es eher wie müdes Seufzen. Lieber sprach er nicht. Als er sich wieder einmal stöhnend bei einem befreundeten Paar in die Ecke fallen ließ, fuhr der Hausherr den heruntergekommenen, depressiven Jüngling an: »Was willst du, was willst du tun?« Worauf der ihn nur höflich beschied: »Walter, ich will nichts weiter als auf meinem Arsch sitzen, furzen und an Dante denken.« Das war vielleicht doch nicht ganz korrekt, denn noch lieber lag er ganz lange im Bett. Und am liebsten zu Hause bei der Mutter. Normalerweise stand er nicht vor dem frühen Nachmittag auf. Dann wünschte er etwas Alkoholhaltiges zu trinken. Er wurde von seltsamen

Krankheiten geplagt, von denen er selbst annahm, daß sie psychosomatisch seien: Furunkel, Analzysten, Milzbrandkarbunkel, Grützbeutel und ähnliches mehr. Natürlich schrieb er. Während einer Vorlesung des Psychoanalytikers Jung hatte er eine wilde Erkenntnis. Jung formulierte über eine Patientin, ein zehn Jahre altes Mädchen, sie sei eigentlich nie geboren worden. Das gab ihm ein Stichwort für seine eigene Analyse zwischen Bett und Mutterschoß. Und vielleicht hatte er nun einen Schlüssel zu dem Roman, an dem er gerade saß. Das schmale Büchlein, das er tatsächlich zu Ende brachte, wurde über Jahre hin von zweiundvierzig Verlagen abgelehnt. Vielen gilt es heute als das beste Werk des Nobelpreisträgers.

Wer war der Autor, der fraglos das Schreiben dem Leben vorzog und seinen Ehrgeiz daransetzte, ein »Mal auf dem Schweigen« hinterlassen zu haben?

Es handelt sich um den Schriftsteller Samuel Beckett, der vom 13.4.1906 bis zum 22.12.1989 lebte.

84

Die Menschen haben mir die Ehre angetan, mich für ein Tier zu halten«, konnte sie erklären. Sie war schön, sie war sinnlich, sie mußte keine Tabus brechen, die sie nicht kannte. Täglich ging sie schwimmen, weil sie die Eleganz von Fischen bewunderte. Eine Zeitlang flanierte sie in Paris mit einem zahmen Leoparden an der Seite. Daß sie mit jedem Zimmerkellner ins Bett gehen konnte, spielte für sie eigentlich keine Rolle. Georges Simenon, der später von sich sagte, er schlafe mit mehreren Frauen täglich, hätte sie sehr gerne geheiratet. Aber er war ihr nur sexuell ebenbürtig. Denn als Europa ihr bereits zu Füßen lag, war er erst ein kleiner Journalist und sortierte ihre Post. »Ein Geiger hat seine Geige, ein Maler seine Palette. Ich hatte nur mich selbst. Ich war das Instrument, um das ich mich kümmern mußte«, erinnerte sie sich. Sie rieb ihren Körper mit Zitrone ein und beschäftigte eine Maniküre, eine Pediküre und mehrere Coiffeure. Die großen Couturiers von Paris arbeiteten für sie.

Dann wieder floh sie aufs Land. Und lebte bäuerlich zwischen ihren dreizehn Hunden verschiedener Rassen, die sie sich nach und nach von der Straße geholt hatte. Als sie älter wurde, begann sie Kinder zu sammeln. Am Anfang stand das Projekt einer kleinen bunten Familie: ein weißes, ein rotes, ein schwarzes, ein gelbes. Die ersten beiden brachte sie aus Japan mit. (Es war nur eins geplant, aber ein zweites im Waisenhaus war auch so goldig.) Dann kam eins aus Finnland, ziemlich weiß, und eins aus Kolumbien, ziemlich schwarz. »Ich denke, du bringst uns einen amerikanischen Indianer mit«, soll der Ehemann zweifelnd gesagt haben. »Die sind schwer zu finden«, habe sie geantwortet. Um auch die Weltreligionen abzudecken, reiste sie nach Israel. Aber die Israelis gaben keinen Jungen zur Adoption ins Ausland frei, und sie wollte eigentlich nur männliche Adoptivkinder (damit es nicht zu sexuellen Konflikten käme). Also nimmt sie den kleinen, zehn Monate alten Moise aus einem französischen Kinderheim. Zum Entsetzen des braven Ehemannes werden es immer mehr: zwei Kinder aus Nordafrika und eins von der Elfenbeinküste, endlich auch ein putziger kleiner Indianer aus Venezuela und noch ein Baby aus einer Pariser Mülltonne. Sie nennt es Noël, weil es kurz vor Weihnachten gefunden wurde. Als sie mit der kleinen Stellina 1962 ihre »Regenbogenfamilie« vervollständigt (sie war bereits Mitte Fünfzig), ist der Gatte schon auf und davon. Sie bleibt attraktiv bis ins hohe Alter und hat kurz vor ihrem neunundsechzigsten Geburtstag noch ein strahlendes Comeback in Paris. Wenige Tage später findet man sie im Koma. Hirnschlag, sagen die Ärzte.

Wer war die tierhafte Siegerin, von der die Freunde sagten, sie sei vor Freude gestorben?

Es handelt sich um die Tänzerin Josephine Baker, die vom 3. 6. 1906 bis zum 12. 4. 1975 lebte.

85

Sein Vater, ein galizischer Jude, möchte, daß er Anwalt wird. Den Jungen aber zieht es zum Journalismus. Mit neunzehn beginnt er für die Wiener *Stunde* zu schreiben, ein Blatt, von dem Karl Kraus sagte, es sei in seinem »geistigen Inhalt nichts als ein scherzhafter Vorwand der Räuberei und Umsetzung des Lausbubenwitzes in öffentliche Meinung«. Ein Paul-Whiteman-Konzert bringt ihn nach Berlin. Und er bleibt. Nun beginnt er für die *BZ am Mittag* zu arbeiten. Da er davon nicht leben kann, verbindet er sein Reporterdasein mit Nebenjobs. Über die er dann auch Reportagen verfaßt. So arbeitet er als Gigolo oder Eintänzer im Hotel Eden, das heißt, er hält einsame Damen bei Laune. Mit einem Vorschuß löst er seinen Anzug aus dem Pfandleihhaus aus. Die Hemdbrust ist aus Zelluloid, und die Papiermanschetten hält er mit einem Radiergummi sauber. Dann nimmt er sie auf sich: »Eine ältere Dame im flaschengrünen Kleid, mit langem Hals und eigelben Haaren; und eine Kleine, deren rötliche Stupsnase zu steil nach oben strebt.« Und andere. Das Tanzen wird ihm zum »dauernden Kampf. Ich tanzte Foxtrott, sie Polka. Der Modetanz jedoch hieß Charleston.« Mit einer Freundin, die frisch aus New York zurückgekommen ist, macht er Hausbesuche mit einem tragbaren Grammophon und gibt Charleston-Stunden. Sie unterrichtet die Ehemänner, er die Frauen: »Reich wurde man nicht, aber man bereicherte seine Erfahrungen.« Bald lernt er, daß seine eigentliche Fähigkeit auf jedem Parkett darin besteht, daß ihm etwas einfällt. »Ich hatte den besseren Dialog«, sagte er einmal und beschreibt eine Tanzszene beim langsamen Englischen Walzer. »Er: Darf ich Sie etwas Persönliches fragen? – Sie: Aber natürlich! – Er: Wissen Sie, woran Sie mich erinnern? – Sie: Nein. – Er: Ich wage es nicht zu sagen! – Sie: Wagen Sie es! – Er: An ein herrliches Soufflé. – Sie: Ein Soufflé? – Er: Von Engeln zubereitet. Auf einer Terrasse am Mittelmeer. Hauchzart und in der Mitte ein Klacks von göttlicher Konfitüre. – Sie: Sie machen mir Appetit.«

1933, er ist siebenundzwanzig Jahre alt, emigriert er nach Amerika. Sein Englisch bezeichnet noch der alte Mann als »a mixture between Arnold Schwarzenegger and Archbishop Tutu«. Er beginnt Drehbücher zu schreiben, und weil er sie retten will, setzt er sie auch um.

Wer war der Filmjournalist, Drehbuchautor und Regisseur, der die Maxime ausgab: »Never bore people. And if you have something important to say, wrap it in chocolate«?

Es handelt sich um den Regisseur Billy Wilder, der vom 22.6.1906 bis zum 27.3.2002 lebte.

86

Sie lebte mit Büchern und Zigaretten, Gesprächen und Zigarren. Bibliothek und Eßzimmer waren eins, Wohnzimmer und Arbeitszimmer auch. Kein Raum ohne Editionen, Manuskripte und Aschenbecher. Wie früh sie das Rauchen angefangen hat, ist schwer zu sagen. Ziemlich bald jedenfalls las das Kind mit der jung verwitweten Mutter Proust im Original, etwas später, sie war gerade vierzehn, studierte sie selbständig Kants *Kritik der reinen Vernunft* und die gerade erschienene *Psychologie der Weltanschauungen* von Karl Jaspers. Daneben schmökerte sie in Kierkegaard. Morgens mochte das Mädchen nicht aufstehen, und wenn es aufgestanden war, wollte es in Ruhe frühstücken. Sie sah es als eine Unzumutbarkeit an, schon um acht Uhr zur Schule zu gehen und zu dieser Stunde gar Homer zu lesen. Die Mutter hatte ein Einsehen und unterstützte das hochbegabte Kind. Tatsächlich erwirkte sie von der Schulleitung eine Befreiung von den barbarischen Morgenstunden Griechisch. Ihre Tochter organisierte sich daraufhin einen privaten Griechischzirkel und war den Klassenkameradinnen immer voraus. Als ein Lehrer sie mit einer Bemerkung, die zu wiederholen sie sich weigerte, beleidigt hatte, rief sie erfolgreich zum Boykott seines Unterrichts auf und wurde daraufhin der Schule verwiesen. Die Mutter hatte Beziehungen und ermöglichte ihr einige Semester des Studiums in Berlin, auch ohne Schulabschluß. Und sie erreichte, daß die Tochter als Externe das Abitur an ihrem Königsberger Gymnasium ablegen durfte. Das machte sie mit Bravour, allerdings schon ein Jahr vor den anderen.

Sie war schön, mit gewaltigen schwarzen Augen, mutig und streitsüchtig. Sie hatte nicht einfach einmal unrecht, sondern »sie explodierte in den Irrtum hinein, wobei vor Wut die Fetzen flogen«, wie es ein Gesprächspartner formulierte. Mit ihrem Mann muß sie sich argumentative Gefechte geliefert haben, deren unerbittliche Heftigkeit auch eingeweihte Freunde erschaudern ließ.

»Sozialer Nonkonformismus ist das Sine qua non großer intellektueller Leistungen«, sagte sie und kämpfte ein Gelehrtenleben lang mit dem Widerspruch, denkend handeln zu wollen und sich der Öffentlichkeit zu entziehen. Im Grunde genommen war sie scheu. Wild und scheu. Sie lebte vom Eros der Freundschaft, von der Erfüllung im Gespräch. Und manchmal gefiel es ihr, übertroffen zu werden. »Sie sagen«, bemerkte Karl Jaspers ihr gegenüber einmal, »daß nur Parias menschlich sind – ich denke, auch Geisteskranke.«

Wer war die eigenwillige Philosophin, die ein eindringliches Buch über Rahel Varnhagen geschrieben hat, mit dem Feminismus aber irgendwie nichts anfangen konnte?

Es handelt sich um die Philosophin Hannah Arendt, die vom 14.10.1906 bis zum 4.12.1975 lebte.

87

Sein Vater ging gepudert und mit schwarz getuschten Wimpern in die Scala. Man sagte ihm nach, er habe die Parfums, die er herstellen ließ, gerne nach den Kosenamen seiner Geliebten genannt: »Comtesse bleue«, »Narcisse énamouré« und so fort. An seinem Grab mußte man auch zweifelhafte Jünglinge verscheuchen. Der kleine Sohn war aber noch schöner, noch delikater und noch sinnlich begabter als der Papa. Schon mit vierzehn Jahren gab das Kind ein öffentliches Cello-Konzert und schrieb seine erste Oper, *Rose von Bengalen*. Er verfaßte den Text, komponierte die Musik, trommelte die Schauspieler unter seinen Geschwistern und Vettern zusammen, stiftete Mütter und Tanten zu Kostümen an; schließlich mußte der Vater sich noch um eine blonde Zopfperücke kümmern, die der Kleine brauchte, denn selbstverständlich war er die Primadonna. Er hatte die reinste Knabenstimme und die zarteste Pfirsichhaut. Die Familienaufführung (mit Eintrittsgeld) war ein so rauschender Erfolg, daß die Truppe bald auch in befreundeten Häusern spielen sollte. Nach der Premiere – er räkelte sich zufrieden in seinem sonnendurchfluteten Zimmer, während die Brüder und Vettern unten im Hof spielten – überkam ihn eine Geste der Grandezza. Er griff nach dem erspielten Erlös, warf ihn mit vollen Händen aus dem Fenster und rief: »Für meine Schauspieler!« Daraufhin sperrte man ihn in seinem Zimmer mit seiner Dogge ein.

Er liebte und quälte Tiere, weil sie so schön waren. Später hielt er sich auch einmal einen Bären und einen Löwen, bis sie zu groß wurden und er sie einem Zoo übergab. Hunde und Katzen waren immer um ihn. Jahrelang lebte er mit etwa dreißig Rennpferden. Sein bald legendärer Stall gab ihm die »Abgeschiedenheit und Zurückgezogenheit eines Klosters«. Sein Weihrauch war der Geruch von Sattelzeug, Schweiß und Urin, sein Ritus das Peitschenknallen der Trainer, die Rufe der Pferdeknechte, das Schnauben der erhitzten Tiere, die Bewegungen der Jockeys und schließlich das Zittern um Sieg und Verlust. Ein Architekt hatte ihm die Anlage – von den grünen Dachziegeln der Wohntrakte bis zu den Namensschildern der Pferdeknechte an den Boxen – minutiös nach seinen Vorgaben ausgestattet wie eine Bühne. Die Dressur der Vollblüter, die Rennen in der Arena müssen ihm ein Vorgeschmack des Theaters gewesen sein. Es war die höchste Disziplin, die hier Trieb und Leidenschaft vorführte.

Die Üppigkeit seiner Inszenierungen wurde legendär. Als ihm einmal der künstliche Nebel in einer Szene nicht gefiel, ließ er mehrere Kilometer weißen Tüll einkaufen. Dabei wollte man diesmal wirklich sparen. Als Anweisung über ein hereingetragenes Frühstückstablett notierte er zwölf Seiten.

Wer war der Regisseur, der kurz vor seinem Tod lachend sagte: »Jetzt müßt ihr mir noch ein Taschentuch um das Kinn binden, gewissermaßen zur Generalprobe«?

Es handelt sich um den Regisseur Luchino Visconti, der vom 2.11.1906 bis zum 17.3.1976 lebte.

88

Sauberkeit komme gleich nach Gottesfürchtigkeit, erklärte sie. Schon als Studentin hatte sie auf Reisen heimlich und flink in jeder Badewanne gebadet, an der sie vorbeikam. Voraussehend führte sie immer ein Handtuch mit sich. Und ihre Haare waren ihr heilig. Selbst im Dschungel sollte sie später während der drei Monate andauernden Dreharbeiten Wert darauf legen, ihre sehr feinen, dichten Haare täglich zu waschen, mit »fünf Eimern heißen Wassers, das absolut sauber sein mußte«. Sie brauchte eine Woche, um ihrem »Boy« klarzumachen, was sie rituell jeden Abend zwischen halb sechs und sieben wünschte. Das Wasser mußte in den Eimern auf einem eigens gekauften Benzinkocher erhitzt werden, auf keinen Fall über einem Holzfeuer, wo die Gefahr bestanden hätte, daß mit den stiebenden Funken kleine Aschenpartikel oder Schmutz hineingekommen wären und »dann alles nach Rauch stank«. Und es war darauf zu achten, daß während der Prozedur des Waschens die fünf Eimer immer wieder abwechselnd auf den Kocher gestellt wurden, damit sie auch warm blieben. Dies setzte sie in einer Gegend durch, in der das Eßgeschirr in der Brühe eines träge dahinfließenden Flusses abgespült wurde.

Noch als alte Dame hielt sie an der Haarwäsche in fast allen Lebenslagen fest. Als sie nach einem Autounfall – sie war gegen einen Telegrafenmasten gefahren – mit einem »monumentalen Gipsverband am rechten Bein« aufwachte, schnupperte sie in die Luft und fragte: »Was riecht denn da so? Entsetzlich. Ranzig. Ach ja, meine Haare.« Sie durfte den Fuß auf keinen Fall belasten, mußte liegen und wurde mit einem Rollstuhl zur Toilette gebracht. Schon am nächsten Morgen hatte sie eine Idee. Denn »über der Toilette hing eine Art Schlauch mit einem Endteil – einem Zerstäuber«. Sie erkundigt sich bei der Schwester höflich, was das sei. Und erfährt: »Damit reinigt man Bettpfannen.« Sie fragt nach zwei Hähnen an der Wand. Ja, da käme kaltes und auch warmes Wasser heraus. Und nun wird die Schwester überzeugt: »Ich könnte mich über die Toilette beugen. Sie könnten den Schlauch halten. Verstehen Sie? Meinen gesunden Fuß stütze ich neben der Toilettenschüssel auf. Ja? Meinen gebrochenen Fuß lege ich ins Duschbecken und hake den Gips am Beckenrand ein, damit er nicht abrutscht. Meinen Kopf beuge ich über die Schüssel. Kommen Sie schon. Holen Sie meine Seife, und dann fangen wir an. Das klappt schon.« Sie war eine Autorität. Und kurz darauf hatte sie saubere Haare.

Wer war die große, sportliche Charakterdarstellerin, die als Kind wie ein Junge aussah und Jimmy hieß?

Es handelt sich um die Schauspielerin Katharine Hepburn, die vom 8.11.1907 bis zum 29.6.2003 lebte.

89

Das Chaos ist die Ursubstanz der Freiheit – wer vor dem Chaos Angst hat, soll nicht auf Freiheitssuche gehen.« Auf seiner immer penibel aufgeräumten Tischplatte lagen vorgespitzt weiche 4B-Bleistifte und ein Füllfederhalter. Er wußte um die Widersprüche der Freiheit. Ein wenig Gefangenschaft gehörte wohl auch dazu. »Ich habe in amerikanischen Lagern lesen, schreiben, sprechen und nachdenken können. Das ist es, was ich unter Freiheit verstehe«, charakterisierte er prägende anderthalb Jahre seiner Jugend. Im Alter wird er einen Roman schreiben, in dem der Held von einem freundlichen Ehepaar sanft in Gewahrsam gehalten wird: »Ich sollte zwar als ihr Gefangener leben, jedoch völlig frei schreiben können, ohne auf irgendwelche Lebensumstände, wirtschaftliche Verhältnisse, Abhängigkeiten, Beziehungen, Traditionen, Strukturen, in denen ich bisher als Schriftsteller ›erschienen‹ war, Rücksicht nehmen zu brauchen.« Das Leben aber war nicht so. Irritiert beobachtete er Paare wie Eich und Aichinger, die sich und ihre Kinder ohne Geld bohemehaft durchbrachten. Auch er ernährte – meist in Internaten – eine nicht ganz entwirrbare Anzahl von Kindern. Aber er bestand auf einer finanziellen Absicherung der Zukunft. Er, der (wie ein Rezensent formulierte) »die Geburt der deutschen Nachkriegsliteratur aus dem Spirit eines amerikanischen Gefangenenlagers« vorantrieb, wurde zu einem finanziellen Virtuosen auf dem literarischen Markt. Der Preis für die Freiheit, die seine horrenden Honorare und Vorschüsse versprachen, war das Joch der beruflichen Bindung. Im Journalismus habe er viele Jahre mit »Artikeln, Reportagen, Redaktionen« vergeudet, bekannte er später. Immerhin konnte er als einer der wichtigsten Männer des Rundfunks namhaften Autoren mit Aufträgen das Leben sichern.

Er blieb ein Zerrissener. Als Sohn eines deutschnationalen Offiziers hatte er sich in der Kommunistischen Jugend engagiert. Soldatischer Geist war ihm keineswegs fremd, doch er desertierte aus der Wehrmacht. Er las Marx und Engels und verehrte Ernst Jünger. Er begann als Rilke-Imitation – »Schwarz ist dein Haar, auf dem die Sonnenstrahlen flirren / Groß ist mein Geist, der in Geschrei und Klirren, / der schönen Schwermut deines Lächelns dankt« – und wurde ein politischer Schriftsteller: »die radikalen sind ausgeschlossen / vom öffentlichen dienst / also eingeschlossen / ins lager«. 1943 ließ er sich von einer halbjüdischen Frau scheiden und hat doch immer wieder Jüdinnen und Juden zu Helden seiner Texte gemacht.

Wer war der Autor von Flucht und Entscheidung, dessen beschreibungsdichte Prosa heute Schullektüre ist und der einmal relativierend formulierte: »Niemals kann Freiheit in unserm Leben länger dauern als ein paar Atemzüge lang, aber für sie leben wir«?

Es handelt sich um den Schriftsteller Alfred Andersch, der vom 4.2.1914 bis zum 21.2.1980 lebte.

90

Sein Vater ist Alkoholiker, seine Mutter Pianistin, Suffragette, Meisterschützin. Sein Bühnendebüt hat er als Dreijähriger; er spielt das Kind »Kummer« in *Madame Butterfly* am Opernhaus von Ravina, Illinois. Mit vier lassen sich die Eltern scheiden. Mit fünf preist er, als Hase verkleidet, im Kaufhaus Marshall Fields Sonderangebote an. Als seine Mutter stirbt, ist er neun. Er hat Shakespeare gelesen und kann Klavier spielen. Auf Bildern sieht er nun aus wie der Mann, der er werden soll: den Kopf schräg gelegt, ein wenig dicklich, das alte Kinderlächeln unter einem Hut mit Krempe, ein Bein leicht vorgestellt, die linke Hand lässig in der Hosentasche, das Jackett offen. Die Lokalzeitung schreibt über ihn: »Cartoonist, Actor, Poet and Only Ten«. Der Knabe gibt Lesungen, veranstaltet Theateraufführungen, bringt eine Schülerzeitung heraus, deren Illustrationen er selbst verfertigt. Mit elf nimmt er das Schultheater in die Hand. Er spielt, führt Regie, schreibt. Mit sechzehn hat er sein erstes Engagement in Dublin. Er ist dreiundzwanzig, als er mit einem Hörspiel Amerika fast in den Irrsinn treibt. Marlene Dietrich beschrieb das so: »Das ganze Land ist verrückt geworden! Und das bloß wegen einer Radiosendung. Ganz Amerika ist in Panik geraten, in wirkliche Panik! Es ging irgendwie um grüne Männchen vom Mars, die mit ihren Raumschiffen in New Jersey gelandet sein sollten. Und alle haben es geglaubt! Allein die Stimme eines Mannes im Radio hat das alles ausgelöst.«

Zwei Jahre später macht er einen Film, der das Land in anderer Weise auf den Kopf stellt. »Ganz gewiß hat niemand außer ihm 1941 in einem amerikanischen Film die These vertreten, Kapitalismus und Erfolg könnten unter Umständen zu geistiger Verarmung und dem Zusammenbruch des Gefühlslebens führen«, schreibt ein Biograph.

Er ist erfolgreich, aber er hat keinen Geschäftssinn und es fehlt ihm die nötige Diplomatie. Er leistet es sich, dummen Leuten aus dem Weg zu gehen, auch wenn sie Geld haben. Dann muß er eine Nebenrolle annehmen, anstatt den Film selbst produzieren zu können. Immer wieder tingelt er, tritt in Talk-Shows auf, macht Werbung. Er arbeitet ununterbrochen bis in die Stunde seines Todes. Er stirbt an seiner Schreibmaschine, während er Regieanweisungen für den kommenden Tag notiert.

Wer war die Filmlegende, von der Jean Cocteau sagte, er sei »ein Riese mit dem Gesicht eines Kindes, ein Baum voller Vögel und Schatten, ein Hund, der sich von der Kette gerissen und auf einem Blumenbeet schlafen gelegt hat«?

Es handelt sich um den Regisseur und Schauspieler Orson Welles, der vom 6. 5. 1915 bis zum 10. 10. 1985 lebte.

91

So ziemlich alles an ihr war unwahrscheinlich. Ihre Mutter soll sie in der Gosse auf dem Regenumhang eines Schutzmannes entbunden haben, im stolzen Bewußtsein, daß mit dieser Tat ihr Teil dann auch geleistet sei. Die frühe Erziehung des rachitischen Bündels nahm eine afrikanische Großmutter in die Hand. Sie füllte Rotwein in den Schnuller und hielt nicht viel vom Waschen. Als der Vater vom Fronturlaub heimkommt, sieht er das verkrustete Kindlein und bringt es zur anderen Großmutter. Die betreibt ein Bordell, und die Kleine wächst nun als umhätscheltes Maskottchen unter den Huren auf. Es dürfte nicht ihre schlechteste Zeit gewesen sein. Als ein Pfarrer dem Vater ins Gewissen redet – das Kind ist mittlerweile sechs Jahre alt – nimmt der es selbst mit zur Arbeit. Er ist ein selbständiger Unternehmer und produziert sich mit kleinen Zirkuskünsten auf der Straße, seine Kleine bettelt nun um Münzen. Noch als erwachsene Frau wird sie in Hotels die Stufen manchmal auf den Händen hinunterlaufen.

Sie mochte Männer, um es vorsichtig zu formulieren. Bisweilen schätzte sie es, geprügelt zu werden. Sie hatte auch nichts gegen Zuhälter, obwohl sie sich nur ein Mal in klassischer Weise prostituiert haben soll: Um die Beerdigung für ihre kleine Tochter bezahlen zu können, die sie verlor, als sie selbst fast noch ein Kind war. Sie schaffte an, indem sie sang. Ihr erstes Lied war die Marseillaise.

Sie wurde von einem homosexuellen Nachtclubbesitzer auf der Straße entdeckt. Ihr Aufstieg war rasant; ihr Lebensrhythmus wurde mörderisch. Vor acht Uhr morgens ging sie nicht schlafen. Zunehmend lebte sie von Drogen. Vier Jahre vor ihrem Tod sagte ihr ein Arzt nach einer Pankreatitis-Notoperation, daß sie physiologisch schon lange tot sei. Danach feierte sie noch ihre großen Erfolge, auch wenn die oft von Zusammenbrüchen auf der Bühne begleitet waren. Manchmal vergaß sie auch den Text und sang Unsinn. Das Publikum liebte sie; sie brachte es zur Raserei, allein schon wenn sie nur dastand, die Arme an den schmalen Körper geschmiegt wie Algen. Die Zeitungen lebten von ihr; sie trieb die Auflagen in die Höhe. Kurz vor ihrem Tod heiratete sie noch einen um zwanzig Jahre jüngeren Griechen. Die Flitterwochen verbrachte das Paar in einer Entziehungskur. Als sie mit achtundvierzig Jahren starb, säumten zwei Millionen Menschen die Straßen des Trauerzugs, unter ihnen Marlene Dietrich mit dem Gesicht einer Pietà.

Wer war die Sängerin, die sich immer wieder rückhaltlos im autobiographischen Lied hingab und erklärt hatte: »Meine Geschichte ist nicht wahr«?

Es handelt sich um die Sängerin Edith Piaf, die vom 19.12.1915 bis zum 11.10.1963 lebte.

92

Ein Schuß indianischen Bluts seiner grünäugigen blonden Mutter floß in seinen Adern – das reichte dem einundzwanzigjährigen mexikanischen Wanderarbeiter, sich bei einem Casting selbstbewußt als Vollblut-Cheyenne zu präsentieren. Überzeugend laberte er in einer Phantasiesprache drauflos: »Ksai ksakim eledski chumbolum.« Was das sei? Das sei Cheyenne! Er könne die Sprache fließend. Das war alles furchtbar gelogen, doch damit hatte er seine erste Sprechrolle als junger Indianer. Der Partner in seiner Szene war immerhin Gary Cooper. Zwar hatte der »junge Indianer« nur rudimentäre Reitkenntnisse und im übrigen keine Ahnung. Aber groß war sein Mut und sein Instinkt erstaunlich: »Nun gut, sagte ich mir und kletterte aufs Pferd. Ich bin jetzt ein Cheyenne und singe ein Cheyenne-Lied. Und dann fing ich an. Ich weiß nicht, wie, aber ich hörte mich singen. In mir steckte glatt ein Indianer.«

Früh hatte er einen ungewöhnlich intimen Bezug zu allem, was lebte, er hörte Stimmen, die andere nicht hörten, und sah, wie sein weißer Hund in der Meeresgischt schwimmend lachte. Er hielt Kontakt mit den Geistern von Verstorbenen.

Die erste Liebe des Neunjährigen war ein junges Pantherweibchen in einem Zoo gewesen, für den sein Vater als Tierpfleger jobbte. Bald ließ sich die Raubkatze nur noch von dem Jungen füttern und verweigerte die Nahrung, als dieser wegen einer Mandeloperation zwei Wochen fernblieb. Als der Vater dem handzahmen Tier gut zureden wollte, zerfleischte es ihm den Arm. Aber der Vater, nur knapp einer Amputation entkommen, interpretierte die Situation souverän von Mann zu Mann: »Diese Katze liebt dich. Ich hätte die Finger von der Frau eines anderen lassen sollen. Wenn du soweit bist, dann such dir eine Frau wie diese Katze.« Bald war er soweit. Und er fand in seinem erfüllten Leben drei Gattinnen, deren Liebesband sich tapfer im Strudel der Liebhaberinnen behauptete. Er zeugte dreizehn Kinder mit fünf Frauen, die letzten beiden, ein prächtiges Mädchen und einen strammen Knaben, mit neunundsiebzig und einundachtzig Jahren.

Einige seiner Filme sind Legenden geworden. Eine Szene am Strand wurde zum Aufbruchssignal für eine ganze Generation. Dort tanzte er Gebärden persönlichen Freiseins, ausgerechnet – was niemand wußte – mit einem gebrochenen Fuß: »Ich konnte den Fuß zwar nicht heben und aufsetzen, der Schmerz war unerträglich, aber ich merkte, daß ich ihn ohne allzu große Beschwerden mitschleppen konnte, also erfand ich einen Tanz mit einem ungewöhnlichen Gleit-Schlepp-Schritt.«

Wer war der unerhörte Schauspieler, der nicht zuletzt auf diese Weise einen nationalen Volkstanz schuf?

Es handelt sich um den Schauspieler Anthony Quinn, der vom 21.4.1916 bis zum 3.6.2001 lebte.

93

Das Kind liebte die Sommerferien in Gambettola. Im Landhaus seiner Großmutter stieß es noch auf eine magische Welt verlorener Wörter und archaischer Berufe. Schrille Vagabunden kreuzten seinen Weg und weissagende Zigeuner. Im alten Holzbett träumte der Knabe so heftig, daß er den vier Ecken der Schlafstätte die Namen der vier Kinos seiner Heimatstadt gab: Die eine war das Fulgor, die andere das Savoia, die dritte das Sultano und die vierte der Schaupalast der faschistischen Freizeitorganisation Opera Nazionale Dopolavoro. Oft reichte es schon, wenn er zwischen Wachsein und Schlaf sich lang ausstreckte, seinen Blick von Bettpfosten zu Bettpfosten schweifen ließ, und schon begannen die halluzinatorischen Epiphanien, Geschwader fliegender Drachen unter der Zimmerdecke oder Abenteuersequenzen von Little Nemo. Im Grunde war er sein eigener Kinematograph. Beruflich landete er zunächst bei der Zeitung, er schrieb erfolgreich kleine Alltagsglossen und zeichnete Karikaturen. Einer seiner Helden träumte, er stehe wegen eines sehr schwerwiegenden Vergehens vor Gericht, er sei des Wahnsinns angeklagt. Als Belastungszeugen treten auf: sein Fuß, der Lichtschalter, der am Kopfteil des Bettes hängt, der Spiegel am Nußbaumschrank und »ein paar abgerissene und ausgefranste Schnürsenkel«. Auch Zahnbürsten, Armbanduhren, Hosenträger betreten eilfertig den Zeugenstand.

Der junge Mann versuchte es mit Drehbüchern und kam zum Film. Mit dreißig ist er der Regisseur von *Lichter des Varietés*, ein Titel, der auf Chaplins *Lichter der Großstadt* anspielt. Zunehmend werden die Textvorlagen unwichtiger. Er produziert Filme wie Träume. Immer wieder gibt er über die Dreharbeiten Statements ab wie dieses: »Ich fühle mich wie ein Eisenbahner, der die Fahrkarten verkauft, die Reisenden in die Reihe gestellt und die Koffer im Gepäckwagen verstaut hat – aber wo sind die Gleise?« Die Schlaflosigkeit erhellt seine Nächte, und er verfaßt Traumtagebücher als Kalender der Psyche. So erscheint ihm eine weiße Eule über einer weiblichen Gestalt, die »vor einem Waschbecken stehend beim Licht einer Kerze ihr riesiges weißes Hinterteil zeigt. Da sagt die Eule: ›Wenn man die Kerze auslöscht, verschwindet auch der Arsch der Heimlichkeit.‹« Einmal träumt er: »Plötzlich nimmt mir jemand mit einem Löffel das rechte Auge heraus. Ich fühle keinen Schmerz, nur Erstaunen.« Vielleicht brauchte er nur das linke Auge, das Auge, das bis in das Phantastische der Erinnerung sieht. Ist er der Regisseur von Filmen oder führen Filme die Regie über seine Existenz?

Wer war der Hexenmeister des Unterbewußten, der sich nie lange an der Fertigstellung eines Films freuen konnte, sondern wie gejagt weitermachen mußte, damit ihn die Leere nicht einhole, und der einmal formulierte: »Der Film ist autonom, er suggeriert oder enthüllt Dinge, die vorher nicht eingeplant waren. Er lacht oder weint für sich allein«?

Es handelt sich um den Regisseur Federico Fellini, der vom 20. 1. 1920 bis zum 31. 10. 1993 lebte.

94

Das Lieblingsbuch der Vierjährigen war eine Monographie über den Ersten Weltkrieg mit Schwarzweißfotografien von Schützengräben. Die Sechsjährige schmökerte dann mit Hingabe in Karl Menningers *The Human Mind*. Das waren Fallstudien von Kleptomanen, Pyromanen, Serienmördern. »Ich stellte fest«, erklärte sie später, »daß diese Leute äußerlich völlig normal wirkten und daß es somit auch um mich herum solche geben konnte.« Von nun an hatten alle ihre Unschuld verloren. Und die Welt öffnete sich in aufregenden Stimulanzien. Neben *Schuld und Sühne*, das sie mehrfach verschlang, wurde ein weiteres Lieblingsbuch der frühen Jahre eine Anleitung zum Aktzeichnen. So schulte sie das, was ein Kritiker einmal ihre »fürchterliche Beobachtungsgabe« nannte. Ihr erstes Geld verdiente sie als Comic-Texterin, eine Tätigkeit, in der sie es Jahre später bis zur sprachlichen Dramaturgin von *Superman* brachte.

Sie veröffentlichte Kurzgeschichten. Ihr Traum allerdings war ein »gotischer Roman, der im zeitgenössischen New York spielt«. Sie hat ihn nicht abgeschlossen. Zwei Romanmanuskripte werden überall abgelehnt, für das dritte erhielt sie sechs Absagen. Als der siebte Verlag das Buch herausbrachte, erwarb Hitchcock eine Woche nach Erscheinen die Filmrechte. Raymond Chandler, dem der Text nicht gefiel, gestand, er habe sich acht Tage lang betrinken müssen, um das Drehbuch hinzubekommen. Der Film wurde ein Erfolg und ihr Durchbruch als Autorin. Doch schon das zweite Buch wollte der Verlag nicht nehmen. Es war die erste homosexuelle Liebesgeschichte mit Happy-End. Sie erschien unter einem Pseudonym und brachte es im Taschenbuch auf eine knappe Millionenauflage.

Vielleicht hielt eine animalische Scheu sie vor zu großer Menschenfreundlichkeit zurück. Sie traute lieber den Tieren. Und fühlte sich ihnen verpflichtet: »Wenn ich auf der Straße eine hungernde Katze und ein hungerndes Kind anträfe, ich würde, wäre ich unbeobachtet, die Katze füttern.« Es schuf ihr Behagen, ihrem schönen, bei einem Wettbewerb ausgezeichneten Siamkatzenpaar Hasenbraten in Rahmsauce zu kochen. »Das ist zweifellos ein Luxus – auf jeden Fall viel Arbeit für mich, aber ich mache das nur einmal in der Woche.« Auch dem Skandalon der Geschlechtlichkeit näherte sie sich auf dem Weg des Tiers. Sie züchtete Schnecken und beobachtete, wie sie sich liebten.

Wer war die souveräne Meisterin von Zwielicht und verheißungsvollem Beklommensein?

Es handelt sich um die Schriftstellerin Patricia Highsmith, die vom 9.1.1921 bis zum 4.2.1995 lebte.

95

Als ihr Plattenproduzent sie 1950 kennenlernte, sagte er von ihr, sie habe »den Gang eines Matrosen, der lange Zeit auf dem Meer verbracht hatte«. Damals wog sie hundert Kilo bei einer Körpergröße von einem Meter zweiundsiebzig. Sie war kräftig. Einen Kellner, der ihr an die Brüste fassen wollte, warf sie so durch das Zimmer, daß er ärztlich behandelt werden mußte. Einem südamerikanischen Konzertveranstalter, der sie nicht vertragsgemäß bezahlen wollte, erging es ähnlich: »Sie stürzte sich auf ihn und stieß ihm das Knie in den Magen.« Als er wieder zu sich kam, ließ er umgehend die volle Gage samt den Rückflugtickets in ihr Hotel bringen. Ihr Geburtsdatum hat sie um wenige Stunden manipuliert. Nicht am 2. Dezember wollte sie geboren sein, wie es der Paß angibt, sondern am 4. Dezember, dem Tag der heiligen Barbara: der Schutzheiligen der Artillerie. Vielleicht war sie monströs.

Sie haßte ihre Mutter, die sie so hatte werden lassen. Gemästet habe sie sie, damit sie der starken Nervenbelastung ihrer Ausbildung und der beginnenden Karriere gewachsen sein sollte. Andere sprechen von einer starken Akne des Mädchens, die mit einer Fettdiät behandelt wurde: geschlagene Eier, vollfette Milch, ein halbes Pfund Käse zum Frühstück. Wie und warum sie letztlich abnahm, bleibt rätselhaft. Ihr Mann flunkert etwas von einem Bandwurm, den sie sich beim Bade mit dem Schrei »Ich habe ihn getötet, ich habe ihn getötet« aus dem Körper zog, danach hätte sie kontinuierlich an Gewicht verloren. Sie selbst spricht von eiserner Willenskraft. Zwei Mal, so ihre Biographen, sei sie innerhalb von einem guten Jahr um rund vierzig Kilo weniger geworden. Nach 1954, sie ist Anfang Dreißig und singt an den ersten Opernhäusern Europas und in den USA, kann sie ihr Gewicht halten.

Wer war die starke Sängerin, die es aus Gewichtsgründen einmal abgelehnt hatte, die Rolle der Madame Butterfly an der Metropolitan Opera zu singen?

Es handelt sich um die Sängerin Maria Callas, die vom 2.12.1923 bis zum 16.9.1977 lebte.

96

Wer ihr Vater war, wußte auch die Mutter nicht. Sie gab das zwölf Tage alte Mädchen in eine Pflegefamilie, wo es im frommen Geist der Pfingstgemeinde erzogen wurde. »Wenn die Welt untergeht, und du sitzt im Kino, weißt du, was dann passiert?« Sie wußte es nicht: »Du verbrennst zusammen mit all den andern bösen Menschen! Wir gehen nicht ins Kino, wir gehen in die Kirche.« Mit dem ersten Denken wuchs das sichere Ungenügen: »Irgendwie erfüllte ich nie ganz ihre Erwartungen, obwohl ich mich nicht daran erinnern kann, ein besonders schlimmes Kind gewesen zu sein.« Als ihr kleiner Hund vom Nachbarn erschossen wird (das Bellen hatte ihn gestört), droht das Mädchen ernstlich krank zu werden. Da seine leibliche Mutter mittlerweile in der Psychiatrie stationiert ist, nimmt sich deren beste Freundin mit dem sprechenden Namen Grace der Kleinen an. Die ist noch keine acht Jahre alt. Eine Odyssee beginnt. Denn bald ist Grace überfordert und gibt das Kind für zwei Jahre in ein Waisenhaus, wo es zu stottern beginnt. Eine Woche vor seinem elften Geburtstag kann sie es wieder abholen und zu sich und ihrem neuen Ehemann nehmen. Als sich der Gatte bald an der Kleinen zu vergreifen versucht, schickt Grace, mit dem Seufzer, man könne niemandem trauen, nicht den Mann, sondern das Kind fort. Es kommt zur Großtante, doch auch dort bleibt es nicht lange, da ein Cousin es zu körperlichen Handlungen zwingt. Schließlich landet es bei einer Schwester von Grace' Vater, einer überaus gütigen Frau, die aber zu krank ist, als daß sie auf Dauer zuverlässig für das Mädchen sorgen könnte. Um das drohende Waisenhaus zu vermeiden, organisiert Grace zum sechzehnten Geburtstag eine Ehe. Sie wird vier Jahre halten.

Früh hat das schöne Kind seine Wirkung auf Männer (und Frauen) erkannt. Da es das Gefühl hat, nichts wert zu sein, gibt es sich her, läßt sich bilden. Man ändert Fall und Farbe des Haars, läßt den Haaransatz operativ zurücklegen und die Nase korrigieren, gibt Silikon in das Kinn, trainiert eine weiche Stimmführung. »Der einzige Weg für mich, etwas zu sein, war – jemand anderes zu sein.« Das paradoxe Ziel kam einem Verlust der Identität gleich.

Welche Frau wurde zum Inbegriff weiblichen Glücksversprechens, bis sie staunte: »Insgeheim habe ich immer das Gefühl gehabt, nicht vollkommen ›echt‹ zu sein. So etwas wie eine gut gemachte Fälschung. Ich glaube, jeder Mensch fühlt das von Zeit zu Zeit. Aber in meinem Fall geht das so weit, daß ich manchmal denke, ich sei nur ein Kunstprodukt«?

Es handelt sich um die Schauspielerin Marilyn Monroe, die vom 1.6.1926 bis zum 4.8.1962 lebte.

97

Auf Familienbildern findet man das Kind höchstens von hinten. Der Kleine sah keinen Grund, sich mit den Seinen für die Alben fotografieren zu lassen. Doch zunächst geht noch alles seinen bürgerlich-katholischen Gang. Unauffällige Kindheit, Jugend in Instituten mit Priestern und Nonnen. Der mittelmäßige Schüler verfaßt seine Strafarbeiten in Versen. Er glaubt durchaus nicht an Gott, engagiert sich aber in der katholischen Jugend. Mit siebzehn lernt er ein Mädchen kennen, das er vier Jahre später heiraten wird. Er arbeitet in der familieneigenen Kartonagenfabrik. Zur Hochzeit befördert ihn der Vater zum Verkaufsleiter. Eine Tochter wird geboren. Das bürgerliche Glücksversprechen liegt nun vor ihm wie ein Urteil auf Lebenszeit. In diesen Rahmen gehört er wirklich nicht.

Er textet Lieder, vielleicht kann er ein bißchen singen. Er schafft es ins lokale Radio. Jemand sagt: »Musikalisch stützt er sich auf drei oder vier Gitarrenakkorde. Seine Stimme, von klarem Timbre, aber ohne Fülle, ist die eines begabten Amateurs.« Er gibt eine erste Single heraus, von der er zweihundert Stück verkauft. »Schlagsahne aus Klischees auf Pudding neorealistischer Plattheit«, meint ein Kritiker. Aber in Paris wird ein Manager aufmerksam. Als er den jungen Mann aus der Provinz dann vor Augen hat, ist er nicht mehr so begeistert wie am Telefon: »Was Sie da machen, ist nicht schlecht. Sind ein paar interessante Dinge dabei. Aber Sie wollen sie doch nicht selbst interpretieren – bei Ihrem Aussehen, oder?«

Er schluckt und tritt in kleinen Etablissements auf. Juliette Gréco hört eines seiner Lieder und debütiert damit im Pariser Olympia. Er macht weitere Platten. Er spielt kein Instrument ordentlich, aber er kann hören. Und er weiß ganz genau, wie es klingen soll. Mit Gesten, mit Beschreibungen macht er sich den Musikern verständlich. Er mischt alle Stile. Manche seiner Lieder läßt er mit Kirchenorgeln begleiten, andere mit modernen elektronischen Tasteninstrumenten, die Avantgardisten wie Olivier Messiaen und Arthur Honegger einsetzen. Immer noch muß er sich vor jedem seiner Auftritte übergeben. Es scheint zum Ritual geworden. Dann singt er, als sei es das letzte Mal. Als Marlene Dietrich einen Auftritt im Olympia im letzten Moment absagen muß, ist er es, der einspringen darf. Der Abend wird zur Legende. Von nun an geht er auf Tournee. Man schätzt, er gibt gut dreihundert Konzerte pro Jahr und legt dabei etwa 130 000 Kilometer zurück. Auf der Höhe seines Ruhms, er ist siebenunddreißig Jahre alt, sagt er Charles Aznavour ins Gesicht: »Ich will kein alter Sänger sein« und betritt zum letzten Mal eine öffentliche Bühne. Schon früh hat er vom Tod gesungen, todkrank wird er, ein starker Raucher, zehn Jahre später mit nur einem Lungenflügel noch eine letzte Platte aufnehmen.

Wer war der unerschrockene Chansonnier, der sich als Schmerzmittel verstand, wenn er sagte: »Ich bin ein Aspirin«?

Es handelt sich um den Sänger Jacques Brel, der vom 8.4.1929 bis zum 9.10.1978 lebte.

98

Vielleicht wollte sie gar nicht sterben. Vielleicht wollte sie nur die Empfindung haben, gerettet zu werden und so das Leben noch einmal geschenkt zu bekommen. Immer wieder geschenkt. Vielleicht konnte sie das Dasein nur behalten, wenn man es ihr immer wieder zurückgab. Denn nie war sie sich so ganz sicher, daß sie es auch wirklich verdient hatte. War sie gut genug? Immer sollte sie perfekt sein, auf jeden Fall die Beste und einzigartig und anders. Mutters Musterschülerin mußte sie sein, fürs Studium ein Begabtenstipendium bekommen, den Schreibwettbewerb von *Mademoiselle* gewinnen und mit den zwanzig talentiertesten Mädchen des ganzen Landes als Gastredakteurin eingeladen werden, die Hochschule mit Auszeichnung abschließen und als Fulbright-Stipendiatin nach England gehen. Und dazu noch blond und schön sein. Den ersten Selbsttötungsversuch mit Tabletten überlebte sie mit einundzwanzig Jahren knapp. Zehn Jahre später schreibt sie nach einem »Autounfall«: »Ich habe es wieder gekonnt. / Einmal jedes Jahrzehnt / Bring ich es fertig / Ich bin erst dreißig. Und wie die Katze kann ich neunmal sterben, / bevor es vorbei ist.« Aber das stimmt auch für Katzen nicht.

Mittlerweile ist sie verheiratet und hat zwei Kinder. Und weiterhin hat sie alles furchtbar gut machen wollen: die beste Hausfrau sein, die wundervollste Ehefrau, die bewundernswerteste Mutter. Und natürlich eine sehr erfolgreiche Schriftstellerin. Doch das Scheitern ihrer Ehe wirft sie zurück wie ein ungeheures persönliches Versagen. Vielleicht hätte das Sterben sie jetzt noch einmal retten können. In einem ihrer letzten Gedichte stehen die Verse: »Die Frau ist vollendet. / Ihr toter / Körper trägt das Lächeln des Erreichten.« Dann legt sie (es ist ein Montagmorgen, die Kinder schlafen noch, und sie hat jedem eine Tasse Milch neben das Bett gestellt) – ihren Kopf in die Backröhre des Gasherds. Auf dem Küchentisch liegt ein Zettel, auf dem steht, man möge den Hausarzt rufen, wenn man sie findet; sicherheitshalber ist noch die Telefonnummer angegeben.

»Ich glaube, ich würde mich gerne das Mädchen nennen, das Gott sein möchte«, hatte sie früh in ihr Tagebuch notiert. Gott war noch unsterblicher als die Katze. Und er lebte in seinen Werken. Schwer zu sagen, ob sie wirklich sterben wollte oder ob ihr nur zunehmend der Unterschied zwischen der Wirklichkeit der Worte und des Tuns abhanden gekommen war.

Wer war die Dichterin, von der Joyce Carol Oates sagt, daß sie »für uns eine tragische Gestalt in einer tragischen Handlung darstellt, und daß ihre Tragödie uns in ihren Büchern als beinahe vollkommenes Kunstwerk dargeboten wird«?

Es handelt sich um die Schriftstellerin Sylvia Plath, die vom 27.10.1932 bis zum 11.2.1963 lebte.

99

Sein Zwillingsbruder wurde tot geboren; danach kam er und lebte. Später erlitt seine Mutter noch eine Fehlgeburt. Er blieb ihr einziges Kind. Zweifellos war er auserwählt. Seine Mutter hütete ihn als den kostbarsten Grund ihres Daseins. Genaugenommen hatte sie sonst wirklich nichts. Nach einer Scheckbetrügerei war ihr Mann in ein berüchtigtes Gefängnis gekommen. Als er nach anderthalb Jahren wieder entlassen wurde, war er traumatisiert und vorbestraft, was seine Chancen auf dem Arbeitsmarkt nicht gerade verbesserte. Meist lebte man von der Sozialhilfe und flog ständig aus den Wohnungen raus. Die Mutter träumte sich leidenschaftlich in ein Leben voller Glamour. Ihr Sohn begriff ihre Sehnsucht als einen Auftrag. Zwar stotterte er, litt unter Atemnot und wurde in der Schule als Außenseiter verlacht. Doch machte er die Erfahrung, daß er seine Mitschüler mit Liedern fesseln konnte. Er begann, um sein Leben zu singen. Als er bei einem Jahrmarktswettsingen den zweiten Preis erhält, schenkt die Mutter dem Zehnjährigen eine Gitarre. Er hatte sich ein Luftgewehr gewünscht.

Er ist religiös und kennt alle Gospelsongs. Jetzt erweitert er sein Repertoire. Seine erste Schallplatte bringt er achtzehnjährig auf eigene Kosten heraus: Er will der Mutter ein Geschenk machen. Im folgenden Jahr gibt er dreißig Konzerte, im Jahr darauf hundertsechzig. Seine

Eltern ziehen in ein von ihm gekauftes Haus; die Mutter bekommt einen rosa Cadillac. Mit zweiundzwanzig Jahren verdient er eine Million Dollar. Als seine noch junge Mutter stirbt, bricht seine Welt zusammen. Er läßt den Sarg öffnen, liebkost die Tote, spricht mit ihr in Babysprache und kann kaum von größeren Zudringlichkeiten abgehalten werden. Die Nacht verbringt er neben der mit einer Glasplatte abgedeckten Leiche. Sein phantastischer Ruhm war ihr gemeinsames Projekt, mit ihrem Tod ist auch sein Leben vorbei. Mutterliebe war seine Droge; der bezahlte Hofstaat, den er sich nun hält, kann sie nicht ersetzen. Beziehungen mit Frauen scheitern. Vielleicht war er homosexuell. Immer wieder möchte er etwas Sinnvolles tun, zum Beispiel für das FBI arbeiten; aber Präsident Nixon macht ihn nur zu einem Agenten der Rauschgiftfahndungsbehörde. Er verachtet Drogen, beschäftigt aber in aller Naivität Ärzte, die ihn mit immer ausgeklügelteren Cocktails aus Aufputsch- und Beruhigungsmitteln arbeitsfähig halten. Er mußte auf die Bühne, in jene Arena, wo die tödliche Vereinigung mit der Mutter bis zuletzt zu leisten war. Mit zweiundvierzig Jahren stirbt er an Medikamentenmißbrauch. Seine Biographen streiten sich, ob das letzte Buch, das er las, eine Schrift über das Turiner Grabtuch gewesen sei oder ein Werk über Sex und Astrologie.

Wer war der Ganzkörper-Künstler, der so verwirrend Obszönität und Keuschheit mischte?

Es handelt sich um den Sänger und Schauspieler Elvis Presley, der vom 8. 1. 1935 bis zum 16. 8. 1977 lebte.

100

Mit Anfang Dreißig hatte er eigentlich nichts mehr zu tun. Am schönsten waren jetzt vielleicht noch seine Katzen, die ihn gefahrlos umschmeichelten. Er war seine eigene Legende geworden, die ihn reich machte und in einer luxuriösen Gefangenschaft hielt. Der Gebäudekomplex, in dem er wohnte, diente auch als Kulisse für einen Horrorfilm, eine burgähnliche Anlage mit Wassergraben, an drei Seiten geschützt durch massive Eisengitter; in der höhlenähnlichen Eingangshalle stand ein Wächter in einem bronzenen Unterstand wie in einem Sarg. Die Kommunikation in diesem exquisiten Anwesen, in dem er und seine Frau mehrere Appartements belegten, funktionierte über eine komplizierte allgegenwärtige Telefonanlage. Ein persönlicher Assistent und Personal schirmten ihn von der Außenwelt ab. Sie kümmerten sich auch um die täglichen Warenlieferungen, die das Ehepaar wie süchtig bestellte, ohne sich weiter darum zu kümmern. Die Frau, die er »Mutter« nannte, war die Managerin seiner Aura und lebte am Telefon, er lebte in seinem Schlafzimmer, das er außer zu den Mahlzeiten gewöhnlich nicht verließ. Die weißen Fensterläden waren meist geschlossen. In der Mitte stand ein riesiges Bett, eingeklemmt zwischen zwei Kirchenbänken, die als Kopf- und Fußstützen dienten, an die Decke war ein großer runder Spiegel montiert. Ein überdimensionaler Sony-Fernseher lief (gerne Seifenopern, tonlos), ebenfalls ein Radio (gerne Klassik), eine Musikanlage stand bereit, am Boden Dutzende von Zeitungen und Magazine (er liebte Gesellschaftsklatsch). Abends zelebrierte er sieben Seiten aus sieben verschiedenen Büchern. Früher hatte ihn einmal der Gedanke beflügelt, eine Inkarnation Jesu Christi zu sein, und er hatte die Aufsichtsratssitzung seiner Firma damit beauftragt, eine entsprechende Presseerklärung herauszugeben. Bald aber war er wieder dazu übergegangen, sich als einen »wiedergeborenen Heiden« zu bezeichnen. Er glaubte entschieden an Ufos, Voodoozauber und Zahlenmystik. Da es ihm sicher schien, seine Seele könne in einem Sohn, der an seinem Geburtstag geboren werde, wiederauferstehen, bemühte sich das Paar um dieses Datum. »Mutter« verlor ein erstes Kind von ihm an einem 9. Oktober; sechs Jahre später wurde sie von einem zweiten an einem 9. Oktober mit Kaiserschnitt entbunden. Vater und Sohn feierten den fünften und den vierzigsten Geburtstag noch zusammen. Ob er in dem Knaben weiterleben wird, ist schwer zu sagen, sicher ist, daß er in seinen Liedern überdauert.

Wer war der frühverstorbene Musiker, der in einem seiner Stücke sagte: »I'm just sitting here doing time«?

Es handelt sich um den Sänger, Komponisten und Schriftsteller John Lennon, der vom 9.10.1940 bis zum 8.12.1980 lebte.